INHALT

ENTDECKEN SIE FRANKEN!

Unsere Top 15 führen Sie an die traumhaftesten Orte und zu den spannendsten Sehenswürdigkeiten

Die Highlights sind in der Karte auf dem hinteren Umschlag eingetragen

⭐ Fränkisches Seenland/Altmühltal
Umgeben von herrlichen Naturparks liegen die insgesamt sieben Seen dicht an dicht. Vom trendigen Kitesurfen bis zum entspannten Sonnenbad geht hier alles (Seite 36)

⭐ Römermuseum
Masken, Münzen, Rüstungen – der 1979 gefundene Römerschatz von Weißenburg ist einzigartig. Archäologen haben ein altes Römerkastell rekonstruiert (Seite 38)

⭐ Dokumentationszentrum Reichsparteitagsgelände

Dort, wo früher die Nazis marschierten, zeigt die Nürnberger Ausstellung, wie ein ganzes Volk fanatisiert wurde (Seite 41)

⭐ Germanisches Nationalmuseum
Ritterrüstungen, Gemälde, Volkskunst – ein faszinierender Blick auf die deutsche Kultur in Nürnberg (Seite 42)

⭐ Rothenburg ob der Tauber

Hochmittelalter pur – hier finden Sie die spitzwinkligsten Fachwerkhäuser und die schönsten Tortürme (Seite 50)

⭐ Mainfränkisches Museum

Hinter trutzigen Mauern der Festung Marienberg ist in Würzburg die größte Sammlung von Figuren Tilman Riemenschneiders zu sehen (Seite 65)

⭐ Residenz

Die Residenz der Würzburger Fürstbischöfe ist das größte Schlossprojekt des Spätbarock (Seite 66)

MARCO ◉ POLO

FRANKEN

NÜRNBERG, WÜRZBURG, BAMBERG

Reisen mit Insider Tipps

> An Franken reizt mich vor allem
> seine enorme Vielfalt. Hier gibt es
> jede Menge Kultur, aber auch eine
> Landschaft, die sich gegenüber viel
> berühmteren Gegenden Europas
> nicht verstecken muss.
> *MARCO POLO Autor*
> *Eo Borucki*
> (siehe S. 134)

Spezielle News, Lesermeinungen und Angebote zu Franken:
www.marcopolo.de/franken

FRANKEN

> SYMBOLE

**MARCO POLO
INSIDER-TIPPS**
Von unserem Autor für
Sie entdeckt

  **MARCO POLO
HIGHLIGHTS**
Alles, was Sie in
Franken kennen sollten

 **SCHÖNE AUSSICHT**

WLAN-HOTSPOT

▶▶ **HIER TRIFFT SICH
DIE SZENE**

> PREISKATEGORIEN

HOTELS
€€€   über 120 Euro
€€   70–120 Euro
€   bis 70 Euro
Preise für zwei Personen im
Doppelzimmer mit Frühstück
in der Saison

RESTAURANTS
€€€   über 16 Euro
€€   10–16 Euro
€   bis 10 Euro
Die Preise gelten für
ein durchschnittliches Haupt-
gericht für eine Person

> KARTEN

[118 A1] Seitenzahlen und
          Koordinaten für der
          Reiseatlas Franken
[U A1]   Koordinaten für die
          Umschlagkarte
[0]   außerhalb der Um-
          schlagkarte

Karten zu Bamberg, Bayreut
Rothenburg und Würzburg
finden Sie auf den Seiten
128/129

Zu Ihrer Orientierung sind
auch die Orte mit Koordinaten versehen, die nicht im
Reiseatlas eingetragen sind

> DIE BESTEN MARCO POLO HIGHLIGHTS

 Wildpark Bad Mergentheim
Heimische Tiere werden nicht nur gezeigt, sondern auch anschaulich erklärt (Seite 71)

 Veitshöchheim
Im Rokokopark um das Lustschloss des Bischofs stehen 300 verspielte barocke Sandsteinfiguren (Seite 74)

10 Altstadt Bamberg
Eine Stadt als Weltkulturerbe – Bamberg ist ein riesiges, lebendiges Denkmal aus Dom, Palästen und Gässchen (Seite 79)

 Dom
Der vielleicht schönste romanische Dom Deutschlands enthält eine rätselhafte Skulptur – den Bamberger Reiter (Seite 79)

 Teufelshöhle
Die Tropfsteinhöhle bei Pottenstein wirkt durch die meisterhafte Lichtregie wie eine Abfolge beeindruckender Riesensäle (Seite 84)

13 Schloss Pommersfelden
Mit dem riesigen Schlossbau mitten in der Landschaft begann der fränkische Barock (Seite 85)

14 Markgräfliches Opernhaus
Wer wissen will, was Rokoko bedeutet, muss diesen Traum aus Gold, Stuck, Fresken und Schnitzereien in Bayreuth besuchen (Seite 87)

 Vierzehnheiligen
Die barocke Basilika ist ein Meisterwerk aus Licht und Stein (Seite 94)

WAS FÜR EINE REGION!

Mainschleife bei Stammheim

AUFTAKT

> Sonne, Wein, Barock – so lautet der bezaubernde Dreiklang Franken. Und der hallt lebendig durch alte Gewölbe unter mittelalterlichen Städten, wo sich nachts eine junge Kneipenszene im romantischen Ambiente vergnügt. Tagsüber erfreuen architektonische Meisterwerke in einem riesigen Landschaftsgarten die Besucher. Und wenn Sie nach der Besichtigung der quirligen Zentren wie Nürnberg oder Würzburg per Rad oder zu Fuß die Mainschleifen erkunden und alte Burgen und vergessene Schlösser entdecken, lässt Sie Franken sicher eines spüren: dass die Uhren hier stellenweise – trotz aller Moderne – noch langsamer gehen.

> **Gehören Sie auch zu denjenigen, die Franken für ein bisschen betulich halten? Für eine Urlaubsregion, in der vorwiegend ältere Touristen von einem gutbürgerlichen Gasthof zum nächsten fahren? Dann sollten Sie schnell herkommen, denn nichts dürfte Ihnen mehr Spaß machen, als Ihre Vorurteile widerlegt zu bekommen.**

Franken ist bunt, lebhaft und ungeheuer abwechslungsreich. Franken – das sind kleine Dorfkirchen, deren Türme aus Streuobstwiesen und Weinbergen lugen. Das sind riesige Gotteshäuser, die eindrucksvoll plötzlich hinter Bäumen auf einsamen Höhen auftauchen. Franken – das sind bunte Bauerngärten mit Ringelblumen und Heckenrosen. Dahinter erstrecken sich die kargen, im Winter verschneiten Höhen der Hochrhön mit ihren vom Wind knorrig gestalteten Bäumen. Davor liegen die Wiesen und Flussufer des lieblichen Taubertals, türmen sich in einem Winkel schroffe Felsen oder die verwitterten Burgen der Fränkischen Schweiz. Im nächsten Tal liegen schon die 1500 Weiher des Aischgrunds. Dazwischen schlängelt sich der Main, Frankens Lebensader, um verwunschene Weindörfer herum.

Quer durch diese vielfältige Landschaft verläuft der Frankenweg, eine durchgehende Wanderroute, die im Nordosten des Frankenwalds beginnt

> ## Franken ist bunt und ungeheuer abwechslungsreich

und im Südwesten bei Donauwörth endet. Von Ost nach West führt der erste Fünfsterneradweg Deutschlands – vom Allgemeinen Fahrradclub Deutschlands (ADFC) ausgezeichnet – vom Fichtelgebirge den Main entlang bis nach Mainz.

Mit etwas Glück erleben Sie eines der vielen Feste, wie die Limmersdorfer Lindenkirchweih

Wo immer Sie sich aufhalten, ein Kurbad ist garantiert in der Nähe. Entweder eine Badestadt so mondänweltläufig wie Bad Kissingen, deren Prunkarchitektur noch heute an die Bismarcks, Sisis und russischen Großfürsten erinnert, die hier kurten. Oder versteckter, im einzigen deutschen Heilwassersee in Bad Königshofen. Moderne Saunalandschaften und Dampfbäder bieten die vielen Thermen Frankens. Und wer es natürlicher mag, der findet in der gesamten Region kleine und große, z. T. herrlich gelegene Badeseen.

Franken – das sind auch Lebkuchen, Wein, Bier und unglaublich viele Wurst- und Brotsorten. Und natürlich Bratwürste in einer überraschenden Vielfalt. Franken – das ist die „Metropolregion Nürnberg und Nordbayern". Hinter dem Titel verbirgt sich ein Wirtschaftsraum, in dem vier

Millionen Menschen jährlich ein Bruttoinlandsprodukt von 100 Milliarden Euro erwirtschaften. Hier liegt das größte und wichtigste Autobahnkreuz Europas. Nürnberg heißt unter Ökonomen „Tor nach Osteuropa". Es soll eine Schlüsselfunktion beim Handel mit den neuen EU-Mitgliedern im Osten spielen. Hightechstandorte wie die Siemensstadt Erlangen bilden mit dem Umland das sogenannte *medical valley,* in dem 20 000 Menschen modernste Medizinprodukte zur Serienreife bringen. Und gleich daneben ist Franken ein winziges, schlafendes Dorf. Wie das

> ### > Mehr als Bratwurst, Bier und Butzenscheiben

reizend in den Frankenwald eingebettete Joditz mit seinen 350 Einwohnern.

Franken – das ist aber auch der böse Spruch, demzufolge sich seine Kultur in Bratwurst, Bier und Butzenscheiben erschöpft. Tatsächlich gibt es hier aber prominente Kulturtempel wie das moderne Museum Georg Schäfer in Schweinfurt mit der weltweit größten Sammlung von Gemälden des Malers Carl Spitzweg. Oder herausragende Sammlungen wie das Germanische Nationalmuseum in Nürnberg, dessen spektakuläre Mittelalterabteilung die Ritterwelt auferstehen lässt. Franken ist außerdem Heimat weltberühmter Festspiele. Bei den Wagner-Festspielen auf dem Grünen Hügel von Bayreuth oder beim Kissinger Sommer geben sich Weltstars die Klinke in die Hand.

WAS WAR WANN?

5. Jh. v. Chr. Besiedlung der Region durch die Kelten

ab 4. Jh. n. Chr. Die Franken verdrängen im Zuge der Völkerwanderung die Urbevölkerung

um 700 Franken wird dem östlichen Frankenreich (etwa heutiges Deutschland) angegliedert

10.–12. Jh. Franken ist Stammland des deutschen Königs, des Rex francorum

1007 Gründung des Fürstbistums Bamberg durch Kaiser Heinrich II.

1168 Friedrich I. Barbarossa verleiht den Fürstbischöfen von Würzburg den Titel „Herzog von Franken"

2. Juli 1500 Kaiser Maximilian schafft den „Fränkischen Reichskreis". Die eher lose Verwaltungseinheit gilt als Quelle fränkischer Identität

1552–1555 Im Markgräfler Krieg werden zahlreiche Städte Frankens geplündert und zerstört

ab 1802 Der Fränkische Reichskreis wird aufgelöst und Bayern zugeschlagen

1905 Conrad Wilhelm Röntgen entdeckt in Würzburg die berühmten Strahlen

1944/45 Würzburg und Nürnberg werden im Bombenkrieg fast vollständig zerstört

1946–48 Nürnberger Prozesse

2005 Die EU deklariert den Großraum um Nürnberg zur Metropolregion Nürnberg, die den engen Kontakt zu östlichen Neu-EU-Mitgliedern herstellen soll

2006 Feier des Jubiläums „200 Jahre Franken in Bayern", der 2. Juli wird zum „Tag der Franken" erklärt

Das Afrika-Festival in Würzburg ist das größte in Europa. Und zum Samba-Wochenende in Coburg kommen alljährlich bis zu 2500 südamerikanische *sambistas.* Nachts verwandeln sich viele fränkische Altstädte in lange Theken. Von der Tapasbar über die Cocktaillounge, vom Irish Pub bis zur Studentenkneipe gibt es vor allem in den Universitätsstädten beinahe nichts, was es nicht gibt. Zwischen dieser international ausgerichteten Kneipenszene und den angestammten Wein- und Bierstuben wetteifern in vielen Gassen die Wirte auch mit einer einfallsreichen Architektur und einer originellen Inneneinrichtung um die Gunst der Gäste. Wem danach noch nach einem Sprung in die Disko- und Clubwelt ist, der hat von Aschaffenburg bis Nürnberg, von Würzburg bis Erlangen die Qual der Wahl.

Franken ist vor allem Kulturlandschaft. Hierher gehört jener melancholische Blick der Riemenschneider-Madonnen, von hier stammen die Landschaften auf den Gemälden Albrecht Dürers und Lucas Cranachs. Hier ließ Balthasar Neumann schweren fränkischen Sandstein in den Himmel des Barock schwingen. Und Adam Ries brachte von hier aus einer ganzen Nation das Rechnen bei. Wilhelm Conrad Röntgen entdeckte 1905 in Würzburg die Röntgenstrahlen. Der Erfinder der Jeans, Levi Strauss, wurde 1892 in Buttenheim nahe Bamberg geboren. Und der stets fränkelnde Schöpfer der D-Mark, Ludwig Erhard, war geborener Fürther. So wie der ehemalige US-Außenminister Henry Kissinger.

Franken ist Geschichte. Hier tobte 1525 der deutsche Bauernkrieg besonders heftig, hier wurde im Dreißigjährigen Krieg zerstört und gebrandschatzt. Eine Katastrophe für Franken war das Dritte Reich, das nicht nur architektonische Spuren

Franken – das ist Natur pur. Die Region hat zahlreiche Naturparks und Biosphärenreservate. Letztere ernennt die Unesco, um typische Kulturlandschaften zu erhalten. Auf riesigen Flächen finden Sie regelrechte Urwälder, bunte Streuobstwiesen

Nur eine von vielen Entdeckungen auf einer Frankentour: die Altstadt von Dinkelsbühl

wie das Nürnberger Reichsparteitagsgelände hinterließ. Im Zweiten

> Die Region hat viele Naturparks und Biosphärenreservate

Weltkrieg wurden Städte wie Nürnberg und Würzburg so stark zerstört, dass man zunächst plante, sie an anderer Stelle neu zu gründen, weil die Trümmerwüsten keinen Platz zum Wiederaufbau zu bieten schienen.

und zahlreiche streng geschützte Arten. Besonders wegen der jahrhundertealten Buchen- und Eichenbestände würden Biologen gerne ganze Landstriche der Region zu Nationalparks erheben.

Franken – das ist ein Mosaik aus Alt und Neu, Groß und Klein, Schnell und Langsam. Sie werden auf Ihrer Reise durch Franken Momente und Situationen erleben, die es so anderswo längst nicht mehr gibt.

▶▶ TREND GUIDE FRANKEN

Die heißesten Entdeckungen und Hotspots! Unser Szene-Scout
zeigt Ihnen, was angesagt ist

Melanie Rottmüller

Die Reisejournalistin ist seit ihrem Studium in
Bamberg in Franken verliebt. Nicht nur die Of-
fenheit der Menschen dort, sondern auch die
kulturelle Vielfalt haben es ihr angetan. Auf der
Suche nach den neuesten Hotspots und Trends
erkundet unser Szene-Scout am liebsten das
Nachtleben und das bunte Veranstaltungspro-
gramm der Region.

▶▶ ABTAUCHEN!

Unterwasserrugby

Die Franken haben entdeckt,
dass Rugby unter Wasser fast
noch mehr Spaß macht als die
herkömmliche Variante auf einem Rasenplatz. Mit einem mit
Salzwasser gefüllten Ball versuchen Teams wie das des *VfL
Nürnberg (www.vfl-nuern
berg.de/tauchen)* oder der *TSG
Würzburg (unterwasserrugby.
blogspot.com)*, das gegneri-

sche Tor, einen Korb in 5 m Tiefe, zu erreichen. Bei den bundesoffenen Turnieren der Hoch-
schulen stehen die Teams der fränkischen Unis immer mit auf dem Treppchen. Vizewelt-
meister im Unterwasserrugby ist der *Tauchclub Bamberg (Kloster-Langheim-Str. 8,
www.tauchclub-bamberg.de, www.uwr-ba.de,* Foto). Das Team trainiert jeden Montag
im *Forchheimer Hallenbad (Basteistr. 1)* und freut sich immer über neue Mitspieler. Infos
rund um das Spiel unter Wasser gibt's auf der Internetplattform des sportlichen Leiters
Hannes Hofmann *(www.uwr1.de)*, die wichtigsten Termine stellt der Bischberger Arian
Füßmann täglich ins Netz *(www.unterwasserrugby.com)*. Die richtige Ausrüstung finden
Interessierte bei *Action & Dive* in Nürnberg *(Frankenstr. 187, www.action-and-dive.de)*.

ISZENE

▶▶ MINIPORTIONEN

Die neuen In-Snacks

Wer denkt bei fränkischen Spezialitäten nicht zuerst an Nürnberger Bratwürstchen und Schäufele (Schweineschulter)? Diese Traditionsgerichte werden natürlich nach wie vor gekocht. Doch nun bekommen sie Konkurrenz. Immer mehr Restaurants setzen auf witzige Konzepte. *Souptopia* in Nürnberg hat sich auf Suppen spezialisiert *(Lorenzer Str. 27, www.souptopia.de)*. In der Gaststätte *s' Baggers* in Nürnberg werden fränkische Tapas serviert. Die Miniportionen gelangen in kleinen Töpfen und auf einem System aus Schienen, das sich von der Küche bis an jeden Tisch zieht, zu den Gästen *(Am Steinacher Kreuz 28, www.sbaggers.de, Foto)*. Fans der Currywurst zieht es nach Bamberg in die Bar *Rixx (Austr. 16, www.rixx-currywurst.de)*. Dort gibt es die Wurst z. B. mit Soja- und Bambussprossen verfeinert und in fünf Schärfegraden – von „normal" bis „unmenschlich".

▶▶ FRANKEN-FUNK

Alte Beats neu aufgelegt

Die großen Vorbilder vieler fränkischer Nachwuchsbands sind James Brown und Sly Stone. Gitarrensound, Bläsersätze und soulige Stimmen bilden die Grundlage der Neuauflage des Funks. Bands wie *Funkdienst* aus Schweinfurt *(www.funkdienst.de)*, *Antinoise* aus Wassertrüdingen *(www.myspace.com/antinoisetheband, Foto)* oder die *Tom Tornado Dreamband* *(www.myspace.com/tomtornadodreamband)*, die ihre groovigen Beats gerne im *Pleicher Hof* in Würzburg *(Pleichertorstr. 30, www.pleicher-hof.de)* zum Besten gibt, haben sich

dem Funk verschrieben. Im *Jazzclub Bamberg* (Obere Sandstr. 18, *www.jcbamberg.de*) tritt regelmäßig das zehnköpfige Ensemble *Funk Projekt* (*www.myspace.com/funkprojekt*) auf. Zum Mitgrooven zieht es Fans in die *Mambo-Bar* (Hauptstr. 16, Zeil am Main, *www.mambo-bar.de*) oder in den *Neustädter Hof* (Kolpingstr. 6, Bad Neustadt).

▶▶ NOSTALGIE-CLUBBING

Nightlife im Retro-Design

Bis vor Kurzem verschrien, erleben Großraumdiskos nun ein Revival. Sie werden aufwendig saniert und liebevoll mit Details im 70er- und 80er-Stil gestylt. Vorreiter der Clubs im Retro-Design ist das *Paisley*, das mit Tapeten in leuchtendem Weinrot und Mustermix aufwartet. In der VIP-Area grüßt die gute alte Diskokugel von der Decke *(Nürnberger Str. 15, Erlangen, www.paisley.de)*. In der Retro-Lounge des *Glass House (Flößaustr. 189, Fürth, www.glass-house.de,* Foto) sorgen runde Formen und ein in Weiß und Violett gehaltenes Interieur für 70er-Jahre-Feeling. Nostalgie-Clubbing ist auch in Würzburg angesagt: Im Club *KamiKatze (Gerberstr. 14, www.kamikatze-club.de)* fühlen sich Nachtschwärmer durch warme Farbtöne wie Beige, Orange und Braun in der Zeit zurückversetzt.

▶▶ WITZIGE WETTKÄMPFE

Für den guten Zweck

Anfangs mag man seinen Augen nicht trauen, wenn z. B. Tausende quietschgelber Badewannenenten den Main bei Würzburg erobern, doch schon nach kurzer Zeit gewinnt man die verrückten Events der Region genauso lieb wie die Franken selbst. Denn das *Wildwasser-Entenrennen* sorgt nicht nur für jede Menge Staunen, sondern die Teilnehmer unterstützen mit der Startgebühr auch den *Wildwasser e. V.,* der Missbrauchsopfern zur Seite steht *(Start: Alte Mainbrücke, www.wildwasserwuerzburg. de)*. Ebenfalls in Würzburg jagen alljährlich Seifenkisten die Wittelsbacherstraße entlang. Der Erlös des Rennens kommt der Organisation *Kiwanis* zugute, die sich um das Wohl von Kindern kümmert *(www.kiwanis-wuerzburg.de)*. In Aschaffenburg geht es beim *Stapler Cup* weniger um die zurückgelegte Strecke als um geschicktes Stapeln in kurzer Zeit. 2008 wurden so bei der in diesem Rahmen stattfindenden Charity-Tombola mehrere Tausend Euro für die Kinder-Rheumastiftung gesammelt *(Schlossplatz, www.staplercup.com)*.

▶▶ FAIR & STYLISH

Vorreiter der Modeszene

Franken setzt auf Mode aus fairem Handel und Materialien aus ökologischem Anbau, will dabei aber nicht auf Design verzichten. In folgenden Shops werden trendbewusste Vertreter des grünen Lifestyles fündig: *OANA* in Aschaffenburg *(Treibgasse 5)*, *2nd Sky* in Bayreuth *(Sophienstr. 13, www.2ndsky-shop.de)* oder *Zeitzeichen* in Würzburg *(Theaterstr. 2, www.zeitzeichen.com)*. Die Kollektionen von *The Fashion rEvolution (www.better-merchandising.de,* Foto*)* oder *Living Crafts (www.livingcrafts.de)* gibt's auch bei *Glore (Karl-Grillenberger-Str. 24, Nürnberg, www.glore.de)*.

▶▶ SCHWITZSTUBEN

Eventsaunen

In Sachen Schwitzen lassen sich die Franken einiges einfallen. In der Saunalandschaft *Palm Beach* gibt es nicht nur eine Saunabar mit Kaminfeuer, sondern auch die weltgrößte Sauna, in der 500 Leute Platz finden *(Albertus-Magnus-Str. 29, Stein bei Nürnberg, www.palm-beach.de)*. Unter der Erdoberfläche sorgt die Meiler-Sauna der *Kristall-Radon-Sole-Therme Fichtelberg* für heiße Minuten. Zum Abkühlen gehen Erhitzte in die Eisnebelgrotte *(Mühlstr. 11, Fichtelberg, www.kristalltherme-fichtelberg.de,* Foto*)*. In der Saunalandschaft des Landgasthofs *Zum Bergwirt* trifft Asien auf Franken: Bambus und Buddha im Fachwerkambiente – da schwitzt es sich gleich viel ausgeglichener *(Schernberg 1, Herrieden, www.hotel-bergwirt.de)*.

▶▶ OHREN AUF!

Hörkunst als neues Sinneserlebnis

Künstler bedienen sich des Hörsinns und machen mit außergewöhnlichen Klangprojekten auf sich aufmerksam. Michael Ammann setzt zusammen mit seinem Künstlerkollektiv *Toen* auf akustische Stimuli. Durch bekannte, aber auch kaum zuordenbare Geräusche will er beim Hörer Assoziationen hervorrufen *(www.m-ammann.de)*. Neu und irritierend sind die Noiseperformances des *Melodic Abortion Orchestra*, kurz *MAO (www.myspace.com/melodicabortionorchestra)*. Der Erlanger Verein *Hörkunst e.V.* sorgt beim alljährlichen Hörkunstfestival für neue Töne *(www.hoerkunst.de,* Foto*)*. Im *KulturOrt Badstraße 8* präsentieren Klangkünstler ihre Performances *(Badstr. 8, Fürth, www.badstrasse8.de)*.

BAROCK

Ganz Franken strotzt vor üppigem Barock. Das verdankt es vor allem den Schönborns. Angehörige dieses Adelsgeschlechts waren im 17. und 18. Jh. geradezu besessen vom Bauen. Sie verbauten, was fränkische Steinbrüche hergaben. Und da sie sich gegenseitig Posten und Pöstchen verschafften und gleichzeitig Erzbischöfe von Würzburg und Bamberg waren, sind in Franken heute zahlreiche Kathedralen und Paläste zu bewundern. Den Schönborns war das Beste gerade gut genug. Neben Wolfgang Dientzenhofer (1648–1706) und Balthasar Neumann (1687–1753) beschäftigten sie den Weltmeister des monumentalen Deckenfreskos, Giambattista Tiepolo (1696–1770). Ihre wichtigsten Bauten sind die Würzburger Residenz und die Wallfahrtskirche Vierzehnheiligen.

Bild: Orangerie und Hofgarten in Ansbach

STICH WORTE

BAYERN UND FRANKEN

Sie mögen sich nicht sonderlich, die Bayern und die Franken, obwohl sie in einem Freistaat leben. Die Franken glauben, einen guten Grund für diese Abneigung zu haben: Als sie 1802 mit Napoleons Zustimmung einfach von den Bayern geschluckt wurden, raubten diese vieles an fränkischer Kunst, darunter das bedeutende Fränkische Herzogsschwert. Von einer Rückgabe will man in München bis heute nichts wissen. Höhepunkt damaliger bayerischer Barbarei: Man ließ das prächtige Bamberger Domkreuz abbauen und machte Gold und Edelsteine zu Geld. Solche Geschichten führen zwar regelmäßig zu Reibereien, doch die als Vernunftehe akzeptierte Verbindung stellen die Franken nicht infrage.

BOCKSBEUTEL

Die spezifische Flaschenform des Frankenweins verdankt den ungewöhnlichen Namen ihrer Ähnlichkeit mit dem Hodensack eines Ziegenbocks. In die 0,75-Liter-Gefäße werden in aller Regel nur Frankenweine der gehobenen Kategorie gefüllt. Trotz der Qualität des Inhalts wirkt die über 250 Jahre alte Form auf viele angestaubt und altbacken. Um ein moderneres Image kämpfen vor allem die jungen Winzer, die zunehmend eine jüngere Klientel für den trockenen und spritzigen Wein begeistern.

BURGRUINEN

Ein dichtes Netz von Burgen und Burgruinen zeigt, wer die Besiedlung Frankens im Mittelalter vorantrieb: Über 150 Reichsritterfamilien, die meisten unmittelbar dem Kaiser unterstellt, hinterließen zahlreiche Wohn- und Verteidigungsanlagen. Aus Franken stammt auch das größte Vorbild für all die adeligen Raufbolde: Der Reichsritter Götz von Berlichingen (1480–1562) war nicht nur Namensgeber für Johann Wolfgang von Goethes Schauspiel, er entsprach tatsächlich dem Bild eines Haudegens in Rüstung. Der Ritter mit der Eisenhand raubte reisende Kaufleute aus, entführte kaiserliche Beamte, erpresste Lösegelder und belagerte mit aufständischen Bauern die Würzburger Festung. Es war ein letztes Aufbegehren der Reichsritter gegen ihre schwindende politische und militärische Bedeutung. Viele der heutigen Ruinen sind zerstörte Raubritternester oder wurden von ihren verarmten adeligen Bewohnern verlassen.

ALBRECHT DÜRER

Ritter, Tod und Teufel – er malte sie alle, schnitt sie in Holz, stach sie in Kupfer. Albrecht Dürer (1471–1528), künstlerisches Genie der deutschen Renaissance, wurde schon zu Lebzeiten bewundert. Selbst große Künstlerkollegen waren sich nicht zu schade, ihn zu kopieren. Leben und Arbeiten des Meisters in der Freien Reichsstadt Nürnberg dokumentiert das Dürer-Haus unterhalb der Nürnberger Burg. Hier gehörte Dürer, allseits geachtet, zu einem Kreis bedeutender Humanisten. Begraben ist er auf dem Johannis-Friedhof in Nürnberg. Sein Blick auf die fränkische Landschaft und die Silhouette seiner Heimatstadt lebt in unzähligen Skizzen, Stichen und Gemälden fort.

FRANKEN-REICH

Sollte es purer Zufall sein, dass Franken und Frankreich eine Namensähnlichkeit verbindet? Franken – unter diesem Namen, der übersetzt „die Mutigen" oder „die Freien" heißt, schlossen sich ab dem 3. Jh. n. Chr. mehrere Stämme im heutigen Nordfrankreich bis zum Niederrhein zusammen und dehnten ihr Gebiet im Zuge der Völkerwanderung in die Mainregion und nach Gallien hinein aus. Bis zum 5. Jh. entstand ein Riesenreich, das u. a. große Teile Frankreichs, Deutschlands sowie der Beneluxstaaten umfasste. Dieses Gebilde zerfiel zwar, seine politische Macht aber überlebte in Gestalt des Heiligen Römischen Reichs, das acht Jahrhunderte lang Mittel- und Westeuropa prägte. Mit dem Aufkommen neuzeitlicher Nationalstaaten ab etwa dem 15. Jh. begann ein Auflösungsprozess, der erst 1806 endete. Das Frankreich von heute führt, wie die Region Franken, den alten Stammesnamen. Der ursprüngliche fränkische Dialekt aber hat sich nur in Franken, dem Rheinland, der Pfalz und in Hessen erhalten.

FRÄNKISCHES FACHWERK

Fachwerkhäuser bestimmen bis heute das ländliche Ortsbild Frankens. Neben Bauernhäusern sind auch Wasserschlösser und ganze Innenstädte wie in Miltenberg in dieser alten, kunstvollen Gerüstbauweise erhalten. Fachwerk gibt es zwar überall in Deutschland, aber Franken überrascht mit besonderen Mustern und mit der Menge an Fachwerkbauten. Charakteristischer Schmuck der Felder ist etwa das geschweifte *Andreaskreuz* oder der *Wilde Mann,* der aussieht, wie eine Arme und Beine spreizende Balkengestalt. Wegen solch typischer Merkmale heißt dieser Fachwerkstil Fränkisches Fachwerk.

HUMOR

Fränkische Komiker haben Hochkonjunktur. Seit einem Jahrzehnt finden sie in ganz Deutschland ihr Publikum. Zu Fernsehehren brachte es der Aschaffenburger Urban Priol, der

Fachwerk vom Feinsten: das Pilatushaus am Tiergärtnertorplatz in Nürnberg

in seinem Kabarett Hofgarten in einer Liga mit der Münchner Lach- und Schießgesellschaft spielt. Im Fernsehen und im Radio ist der Würzburger Frank-Markus Barwas-

Farbenpracht unter Frankens Sonne

ser alias Erwin Belzig einem Millionenpublikum bekannt. Und das Fürther Duo Volker Heissmann und Martin Rassau alias Waltraud und Mariechen erreicht bei bis zu 300 Auftritten in und um Bayern rund 300 000 Zuschauer. Warum fränkisch-trockener Humor gerade jetzt bundesweit Triumphe feiert, weiß keiner so recht – denn es gab ihn schon lange vorher.

KLIMA

Man sollte nicht meinen, dass es innerhalb einer mitteleuropäischen Region so krasse klimatische Unterschiede gibt. Aber die Gegend um den Main weist im Sommer beinahe toskanische Temperaturen auf, während es im Frankenwald oder im Fichtelgebirge durchgehend angenehm kühl ist. Eine Kälteinsel ist die Hochrhön mit bis zu 110 Tagen Schnee und einer Jahresdurchschnittstemperatur von knapp 6 Grad. Wer von dem zuweilen unangenehmen Würzburger Kesselklima ins Biosphärenreservat Bayerische Rhön fliehen will, braucht mit dem Auto knapp anderthalb Stunden.

RELIGION

Was christliche Bekenntnisse angeht, ist Franken sehr buntscheckig. In den tiefkatholischen Bistümern Bamberg und Würzburg gibt es evangelische Dörfer und Städte. Im protestantischen Süden ist es oft umgekehrt. Grund der Zersplitterung ist die Erbteilung. Mit dem Tod eines Adligen wurde der Besitz zu gleichen Teilen an die Söhne weitergegeben. Das führte zu weit auseinanderliegenden Kleinstbesitzen, manchmal mitten in fremden Herrschaftsgebieten. Andernorts wurden Land und Titel nur dem Erstgeborenen vermacht, dort entstanden Machtzentren. In Franken blieb es daher bei all den Fürsten, Grafen, Bischöfen, Reichsrittern und Reichsstädten, die nach dem Dreißigjährigen Krieg die Religion der jeweiligen Untertanen selbst bestimmen durften.

> www.marcopolo.de/franken

TILMAN RIEMEN-SCHNEIDER

Ob Würzburg, Nürnberg, Bamberg, Rothenburg, Münnerstadt oder Creglingen – in großen ebenso wie in kleinen fränkischen Städten finden sich meisterliche Skulpturen und Altäre von Tilman Riemenschneider (1460 bis 1531), der den größten Teil seines Lebens in Würzburg zubrachte und hier begraben ist. Früh erkannte der Fürstbischof das Genie Riemenschneiders und beauftragte ihn mit der Ausstattung zahlreicher Kirchen der Region. Die Werke des Meisters, in denen sich Elemente von Gotik und Renaissance vermischen, sind heute unbezahlbar, die großen Museen der Welt reißen sich um Sonderausstellungen. In Franken besitzt die meisten Riemenschneiderwerke das Mainfränkische Museum in Würzburg.

WAPPEN

Drei weiße Spitzen auf rotem Grund – das ist das alte fränkische Nationalemblem. Der sogenannte Fränkische Rechen ist Teil des Bayerischen Staatswappens und auch das Wappen zahlreicher Städte und Kommunen. Der Rechen hat symbolische Bedeutung: Die drei weißen Spitzen stehen für die Dreifaltigkeit Gottes, die vier roten für die vier Himmelsrichtungen. Ursprünglich führten dieses Emblem die Würzburger Fürstbischöfe in ihrer Funktion als Herzöge Frankens, Bayern teilte es den eingegliederten fränkischen Gebieten zu. Wie weit das alte Franken einmal über den heutigen Freistaat hinausging, zeigt der Fränkische Rechen auch. Er erscheint sowohl in den Ortswappen mehrerer baden-württembergischer Kommunen als auch in denen mehrerer südthüringischer Landkreise.

> DAS KLIMA IM BLICK

Handeln statt reden　　atmosfair

Reisen bereichert und verbindet Menschen und Kulturen. Jedoch: Wer reist, erzeugt auch CO_2. Dabei trägt der Flugverkehr mit bis zu 10 % zur globalen Erwärmung bei. Wer das Klima schützen will, sollte sich somit nach Möglichkeit für die schonendere Reiseform (wie z. B. die Bahn) entscheiden. Wenn keine Alternative zum Fliegen besteht, so kann man mit *atmosfair* handeln und klimafördernde Projekte unterstützen.

atmosfair ist eine gemeinnützige Klimaschutzorganisation.

Die Idee: Flugpassagiere spenden einen kilometerabhängigen Beitrag für die von ihnen verursachten Emissionen und finanzieren damit Projekte in Entwicklungsländern, die dort helfen den Ausstoß von Klimagasen zu verringern. Dazu berechnet man mit dem Emissionsrechner auf *www.atmosfair.de* wie viel CO_2 der Flug produziert und was es kostet, eine vergleichbare Menge Klimagase einzusparen (z. B. Berlin–London–Berlin: ca. 13 Euro). *atmosfair* garantiert, unter der Schirmherrschaft von Klaus Töpfer, die sorgfältige Verwendung Ihres Beitrags. Auch der MairDumont Verlag fliegt mit *atmosfair*.

Unterstützen auch Sie den Klimaschutz: *www.atmosfair.de*

VON BIERFEST BIS SAMBAPARTY

Ob traditionell oder exotisch, mit Bier oder Wein – die Franken verstehen es, Feste zu feiern

> In Franken wird nach dem Kirchenjahr gefeiert, aber auch die Landwirtschaft gibt die Feste vor. Die vielen Wein- und Bierfeste finden nicht nur deshalb im Sommer statt, weil man dann schöner draußen sitzt, sondern weil bis zur Weinlese und zur Ernte der Braugerste die Keller leer sein müssen. In den letzten Jahren sind einige Festivals dazugekommen, in denen es in erster Linie um Musik geht und die Hunderttausende anlocken.

GESETZLICHE FEIERTAGE

1. Jan. *Neujahr;* **6. Jan.** *Dreikönigstag;* **Karfreitag; Ostermontag; 1. Mai** *Tag der Arbeit;* **Christi Himmelfahrt; Pfingstmontag; Fronleichnam; 15. Aug.** *Mariä Himmelfahrt (nur in überwiegend katholischen Gegenden Feiertag);* **3. Okt.** *Tag der Deutschen Einheit;* **1. Nov.** *Allerheiligen;* **25./26. Dez.** *Weihnachten*

FESTE

März/April

Insider Tipp

Bei den *Rother Bluestagen* spielen weltweit gefeierte Bands der Sparten Blues, Gospel, Jazz oder Funk in großen Sälen und kleinen Kneipen der Stadt Roth. *www.bluestage.de*

Mai

Blaue Nacht in Nürnberg – Tänzer, Akrobaten, Musiker, Maler und Museen setzen sich mit unterschiedlichen Aspekten der Farbe Blau auseinander. Wechselnde Termine, Infos unter *www.blauenacht.nuernberg.de*

Insi Tip

Mai/Juni

Beim *Mozartfest* in Würzburg gibt es ab Ende Mai für mehrere Wochen Mozart satt. Höhepunkt ist das Abschlusskonzert im Residenzgarten. *www.mozartfest-wuerzburg.de*

An einem der ersten Juniwochenenden treffen sich Zehntausende zum Rock im Park in Nürnberg. *www.rock-im-park.de*

Am Donnerstag vor Pfingsten ist *Bergkirchweih* in Erlangen. Das drittgrößte Volksfest Deutschlands verwandelt den Burgberg 12 Tage lang in einen gigantischen Biergarten.

Aktuelle Events weltweit auf www.marcopolo.de/events

> EVENTS
FESTE & MEHR

Am Montag nach Pfingstmontag ist *Schlappentag* in Hof. Seit über 560 Jahren feiern die Hofer Schützen ihren Ehrentag mit selbst gebrautem Starkbier, dem Schlappenbier. Schlappen werden die Holzschuhe der Schützen genannt. Afrika ist traditionell am letzten Maiwochenende zu Gast in Würzburg. Beim *Afrikafest* spielen die international bekanntesten Musiker des Kontinents, es ist der größte Event dieser Art in Europa. *www.afrikafestival.org*

Juli
Voll und ganz dem Samba gehört Coburg an einem Wochenende Anfang Juli. Tausende südamerikanische *sambistas* feiern mit Zehntausenden Besuchern in der Stadt. *www.samba-festival.de* Asiatische Küche, Kultur und Künstler – beim *Spirit Asia Open Air Festival* in Nürnberg begegnen sich Anfang Juli die Kulturen. *www.spirit-asia.de* Ab der letzten Juliwoche beginnt im Norden Frankens die fünfte Jahreszeit. Bei der *Kulmbacher Bierwoche* geht's

neun Tage lang ums *Stärk-Antrinken* wie das Ritual hier heißt.

August
Sandkerwa in Bamberg – mitten in der historischen Altstadt drängt man sich in der letzten Augustwoche von Donnerstag bis Montag durch die Gassen. Es gibt Feuerwerk, Festumzüge und viele Essstände. Höhepunkt ist das Fischerstechen auf der Regnitz, bei dem die Männer versuchen, sich gegenseitig mit langen Stangen ins Wasser zu schubsen.

Oktober
Bei den *Hofer Filmtagen* zeigen bekannte und weniger bekannte Regisseure neue Filme. Mancher machte von hier aus Karriere. *www.hoferfilmtage.de*

Dezember
Der *Nürnberger Christkindlesmarkt* ist der größte Frankens. Ab Freitag vor dem 1. Advent bis zum Heiligabend (außer So) sind rings um den Hauptmarkt über 150 Buden aufgebaut.

> KULINARISCHE HÖHEPUNKTE FÜR ZUNGE UND GAUMEN

Deftige Fleischgerichte gehören ebenso zur fränkischen Küche wie feiner Spargel und delikate Rhönforelle

> **Die gehobene Gastronomie Frankens legt nicht nur Wert darauf, klassische fränkische Leibgerichte wie Schäufele oder Bratwurst in exzellenter Qualität auf den Teller zu bringen, sondern auch darauf, dass die Zutaten aus der Region oft aus eigenem Anbau stammen.**
Wie gut sich Urfränkisches mit Internationalem mischt, beweist eine junge Köchegeneration, darunter ARD-Fernsehkoch Alexander Herrmann. In seinem Romantik-Posthotel

nahe Kulmbach kann man sich einzigartige Schiefertrüffelbratwürste schmecken lassen. Der Pilz wächst nur dort. Und Bernd Meyer vom Schwarzen Adler in Ulsenheim ist mit seinem Stilmix aus fränkischer und südfranzösischer Küche so gefragt, dass ihn Gunter Sachs einen Monat im Jahr an die Côte d'Azur fliegen lässt, damit die Gäste auch im Urlaub nicht auf Lammrücken in Thymian-Meersalz-Kruste verzich-

Bild: Sülze vom Rind

ESSEN & TRINKEN

ten müssen. Aber auch viele andere Köche sind erfinderisch, legen ein kleines *Knäudele* (pikante Blutwurst) zum Angusrumpsteak und reichen Ihnen danach ein Silvanereis. Vor allem aber setzt man auf die geliebten fränkischen Klassiker: das *Knöchla mit Kraut,* gepökeltes Eisbein, das in Sauerkraut und Kümmel zart gegart wird, oder *Greefleisch mit Glues,* geschmorter Tafelspitz in Meerrettichsauce. Wie vielerorts sind die Gour-

metrestaurants in Franken an den schönsten Plätzen der großen Städte zu finden. Aber Sie sollten darüber keinesfalls die oft exzellenten Landgasthöfe vergessen, zumal diese vielfach erstaunlich preiswert sind.

Egal, wohin Sie kommen: Die Bratwurst ist überall ein bisschen anders. Es gibt die Nürnberger Bratwurst, meist als *Drei im Weckla* (drei Stück im Brötchen, zuweilen auch mehr als drei), oder die über Kiefern-

zapfenglut gegrillte Coburger Bratwurst. Die Hofer *Brodwärscht* sind
feiner und magerer als ihre Verwand-
ten. Die kalbfleischreiche Kulmbacher Bratwurst wird im anisgewürz-
ten Bratwurststollen gegessen. Dass
es gerade hier so viele Varianten gibt,
liegt am Fernhandel der Nürnberger
Pfeffersäcke, der reichen Kaufleute
zur Dürerzeit, die exotische Gewürze
von überall nach Franken brachten.
Pfeffer, Kardamom und Majoran ins-
pirierten nicht nur die Bäcker, die
u. a. Mandeln, Nüsse und Zimt mit
Honig mischten und die berühmten
Nürnberger Lebkuchen erfanden.
Auch die Metzger experimentierten
damit, und sie hatten vor allem die

> SPEZIALITÄTEN

Genießen Sie die typisch fränkische Küche!

Aischgrundkarpfen – Der Fisch wird
in einem Teig aus Mehl und Bier ge-
wendet, dann im Ganzen frittiert. Dazu
gibt es Salzkartoffeln und Zitrone.

Auszougna – Schmalzgebäck, dessen
dünne und blasse Mitte von einer di-
cken, in Öl gebackenen Hülle umschlos-
sen wird

Blaue Zipfel – Die Bratwürste ziehen
etwa 20 Minuten lang in einem Sud aus
Zwiebeln, Essig, Lorbeer und Gewürzen
(Foto).

Bremser – Der gärende Traubenmost
gehört zum Herbstbeginn. Wenn der
Gärprozess etwas vorangeschritten ist,
heißt das Getränk Federweißer.

Fränkische Hochzeitssuppe – kräf-
tige Rinderbrühe mit einer Einlage aus
Pfannkuchenstreifen, Semmelklößchen
(Schwimmerle) und Leberklößchen

Gerupfter – mit Butter, Paprika, Zwiebeln und einem Schuss Frankenwein
angemachter reifer Camembert

Ghäckbrot – Brot, fingerdick mit Brat-
wurstteig bestrichen und mit Zwiebeln
bestreut

Kirschenmichel – ein süßer Auflauf
aus Kirschen, altbackenen Brötchen, Ei,
Grieß und Vanillezucker

Krenfleisch – gekochtes Rindfleisch
nach Art eines Tafelspitzes, das mit
Meerrettich-(Kren-)sauce gereicht wird

Krumba – gebackenes Blut, Leber,
Graupen, Schweinebraten, Sauerkraut
und Kloß

Rohe Klöß – Beilage aus geriebenen
rohen Kartoffeln, die manchmal mit in
Butter gebratenen Brotstückchen (Brö-
ckele) gefüllt sind

Versoffene Jungfern – zur Weih-
nachtszeit beliebtes, süßes Zimtgebäck,
das in Butterschmalz gebraten und mit
Rotwein übergossen wird

Zwiebelplotz – Sauerteig, belegt mit
in Schmalz gebratenen Zwiebeln,
Grieben, Schinken und Kümmel

Wurst im Visier. Bis heute wird in Franken aus Schwein vor allem Wurst gemacht. Der Grund dafür ist historisch: Die fränkische Erbfolge sah bei jedem Todesfall die Teilung der Ländereien unter den Nachkommen vor. Am Ende standen Kleinstparzellen für kaum mehr als zwei, drei Schweine. Wenig Schwein – wenig Haxen. So machte man lieber alles zu Wurst. Eine fränkische Schlachtplatte gibt einen guten Überblick über die Grundsorten. Sie besteht meist aus rotem und weißem Presssack, Bauernschinken mit kräftigem Raucharoma und grober Leberwurst mit Majoran. Rassig scharf wird das Ganze mit frischem Meerrettich, der seit Jahrhunderten im Knoblauchsland (zwischen Nürnberg und Erlangen) angebaut wird.

Gemüse ist in Franken dagegen nur Beilage. Die große Ausnahme: Spargel. Während der Saison (April bis Juni) ist ganz Franken spargelverrückt. Man serviert weißen, grünen oder violetten Spargel mit Buttersauce, Kartoffeln und Kochschinken oder als Spargelcremesuppe oder Spargelsalat.

Karpfen, Forellen und Zander gibt es vor allem im Aischgrund, um den Main und in den Mittelgebirgen. Viele Fischrestaurants halten eigene Teiche, sodass der Aischgrundkarpfen im Bierteig ganz frisch serviert wird. Eine Delikatesse ist die geräucherte Rhönforelle.

Die wichtigsten Getränke stammen natürlich aus Franken selbst. Kenner teilen die Region in Weinfranken und Bierfranken. Vor allem aus Unterfranken kommt der Wein. Sein unverwechselbarer Geschmack stammt von den mineralstoffreichen Böden um den Main. Die fränkischste aller Rebsorten ist der Silvaner. Dank seiner zurückhaltenden Fruchtaromen passt er zu fast allem.

Oberfranken – Paradies für Bierfreunde

In Oberfranken dagegen gibt es kaum Wein – dafür aber die höchste Brauereidichte der Welt! Um Bamberg und Kulmbach werden unzählige Sorten wie Kellerbier, Maibock oder das würzige Rauchbier gebraut. Wenn nach all dem noch ein Schnäpschen beim Verdauen helfen soll: Dank vieler Streuobstwiesen bietet man Ihnen hier hervorragende Obstbrände von Quitte bis Haselnuss an.

WEIN, WURST UND WEISSES GOLD

Neben Kulinarischem bieten auch Kunst und Handwerk eine reiche Auswahl an typisch fränkischen Mitbringseln

> Ob essbar oder nicht – viele kleine Höfe und Werkstätten lassen den Einkauf in Franken zum Erlebnis werden. Gerade außerhalb der Städte heißt es daher: Augen offen halten, um das Besondere nicht zu verpassen!

ANTIQUITÄTEN

Nicht nur in den größeren Städten, auch in Scheunen und in stillgelegten Fabriken auf den Dörfern finden Sie Schmuckes, Nützliches oder Kurioses aus alten Zeiten. Besonders in den holzreichen Gebieten wie Spessart und Fichtelgebirge gibt es günstige, sorgfältig restaurierte Holzmöbel. Vor allem die Universitätsstädte Bamberg, Nürnberg und Würzburg haben gut sortierte Antiquariate, wo Sie literarische Schnäppchen machen können.

DIREKTVERMARKTUNG

Ob Saft, Most, Spargel oder Obst: Gehen Sie statt in den Supermarkt lieber auf einem der vielen Märkte einkaufen. Ein „Versucherla" hilft bei der Auswahl.

Während der Spargelzeit (April-Juni) finden Sie vielerorts an den Bundesstraßen kleine Buden, in denen das weiße Gold direkt vom Feld verkauft wird.

FISCH

Auch geräucherter Fisch ist ein gutes Mitbringsel aus Franken. Rund um die klaren Bäche und Teiche der Mittelgebirge hat das Räuchern zur Haltbarmachung eine lange Tradition. Besonders typisch sind Räucherforellen.

HOCHPROZENTIGES

Zahllos sind die Streuobstwiesen Frankens. Eine große Menge der Früchte wird für die Destillation abgezweigt, beinahe überall gibt es ein, zwei Häuser mit Brennrecht, wo Sie guten Obstler bekommen. Zu kaufen sind auch Brände aus Früchten, die woanders nicht mehr kultiviert, hier aber in eigenen Sortengärten erhalten werden. In kleinen Spezialgeschäften werden die guten Tropfen, hübsch verpackt in ungewöhnlichen Formaten verkauft.

> EINKAUFEN

KLEIDUNG

Sparfüchse mit Sinn für hochwertige Markentextilien werden schnell fündig, viele renommierte Firmen unterhalten günstige Fabrikverkaufsstellen (René Lezard bei Miltenberg, s.Oliver in Rottendorf bei Würzburg, Puma und Adidas in Herzogenaurach).

KUNST UND KUNSTHANDWERK

Künstler und Galeristen haben Franken längst entdeckt. In den Galerien finden Sie nicht nur Schmuck und Designartikel, sondern auch Skulpturen und Gemälde zeitgenössischer Meister. Schnitzarbeiten (z. B. kunstvoll nachgeschnitzte Riemenschneider-Madonnen) bekommen Sie besonders in den waldreichen Mittelgebirgen, wo die traditionsreichen Holzschnitzerschulen sitzen.

WEIN

Ein Kistchen Silvaner, eine Auswahl bauchiger Bocksbeutel – das sind die idealen Mitbringsel aus Franken. Die Weine aus einem der ältesten Anbaugebiete ganz Deutschlands schmecken frisch und fruchtig. Am besten kaufen Sie direkt im Weingut, wo Sie professionell beraten werden und Ihnen ein individueller Mix passender Sorten gern zusammengestellt wird. Vorher dürfen Sie natürlich probieren.

WURST & CO

Die Wurst ist fast ebenso Markenzeichen Frankens wie der Wein und deswegen als Mitbringsel nie verkehrt. Im Glas, in der Dose oder geräuchert – die zahlreichen Sorten bekommen Sie in jeder Metzgerei. In den Naturparks, den Biosphärenreservaten und den beiden fränkischen Freilandmuseen werden seltene und schmackhafte Spezialitäten angeboten, denn hier gibt es Kooperationen mit kleinen, oft historisch eingerichteten Hofläden, deren Palette als vorbildlich und besonders typisch gilt. Neben der Wurst werden hier auch Honig, Gelee oder Marmelade aus eigenem naturnahem Anbau verkauft.

Mittelfranken ist ein Eldorado für Wassersportler und Wanderer –
und eine der ökonomisch stärksten Gegenden Deutschlands

> **Vom Großraum Nürnberg wird die Wirtschaft ganz Frankens angekurbelt. Mit dem Know-how aus dem „Medical Valley" rings um die mittelfränkische Metropole werden in Asien und Arabien komplette Kliniken gebaut.**

Das bedeutet gleichzeitig: quirlige, moderne Städte, bunte Shoppingalleen und ein junges, abwechslungsreiches Nachtleben, wo man den idealen Event für den Abend nicht lange suchen muss. Seit 2005 ist der Großraum Nürnberg offiziell eine von zwölf europäischen Metropolregionen. Der Wirtschaftsraum mit seinen 3,5 Mio. Menschen ist einer der wirtschaftsstärksten ganz Deutschlands. Aber Mittelfranken ist mehr: Südlich von Nürnberg haben Segler und Surfer das Fränkische Seenland mit seinen fünf großen Gewässern fest in der Hand. Und wenn Sie es nach Stadtbummel und Wassersport mal ruhiger wollen, sind Sie von der

Bild: Blick auf Nürnbergs Altstadt vom Tiergärtnertor

MITTEL FRANKEN

Boomtown Nürnberg schnell im stillen Steigerwald oder auf der Frankenhöhe mit ihren bewaldeten Mittelgebirgsgipfeln und den schönen alten Burgen.

ANSBACH

[125 E3–4] Hauptstadt des fränkischen Rokoko – so wird Ansbach (40 000 Ew.) auch genannt. Wie an einer Perlenkette sind die Prachtbauten der Markgra-

fen zu Brandenburg-Ansbach und die großen Kirchen St. Gumbertus und St. Johannis nebeneinander aufgereiht. Dass sich das Rokoko mit seinen Schnörkeln und verschlungenen Ornamenten gerade hier so gut erhalten hat, liegt an einer Abdankung. Als der letzte Markgraf 1791 abtrat und ins Ausland ging, war kein Herrscher mehr da, um die fürstlichen Bauten zu modernisieren. Konkret heißt das: Der Bau- und Dekorations-

Markgräfliche Ruhestätte in St. Gumbertus

Mann 1831 in Ansbach auf. Ein Attentat wurde vermutet, als Hauser 1833 mit tödlicher Stichwunde im Hofgarten gefunden wurde. Die Sammlung zeigt neueste Erkenntnisse der bis heute rätselhaften Geschichte. In den Geschossen darüber wird die Stadt- und Grafschaftsgeschichte lebendig. *Okt.–April Di–So 10–17, Mai–Sept. tgl. 10–17 Uhr | Eintritt 2,50 Euro | Kaspar-Hauser-Platz*

MARKGRÄFLICHE RESIDENZ
Vor der Residenz (Anfang 18. Jh.) steht die auffällige Pferdeplastik des Bildhauers Jürgen Goertz (geb. 1939). Drinnen sind von den 27 Prunkräumen der zweigeschossige Festsaal, das Spiegelkabinett und der Kachelsaal hervorzuheben, dessen rund 2800 Fliesen aus der ehemaligen Ansbacher Fayencenmanufaktur stammen. *April–Sept. Di–So 9–18, Okt.–März Di–So 10–16 Uhr | Eintritt 4 Euro | Promenade 27 | www. schloesser.bayern.de*

ORANGERIE UND HOFGARTEN
Im Rücken der lang gestreckten Orangerie (schönes Café: *Mo geschl. | www.orangerie-ansbach.de*) mit ihren hohen Fenstern, dem Zitrushaus und dem Kräutergarten liegt der Hofgarten mit seinen alten Bäumen. Ein Gedenkstein markiert die Stelle, an der Kaspar Hauser zu Tode kam.

stil wurde ohne spätere Veränderungen bewahrt. Heute präsentiert sich Ansbach als ruhiges, gemütliches Städtchen.

■ SEHENSWERTES ■
GUMBERTUSKIRCHE
Zentral in der Stadtmitte erheben sich die drei charakteristischen Türme von St. Gumbertus (15. Jh.). Die Gruft der Ansbacher Markgrafen liegt unter der Schwanenritterkapelle (links vorm Hochaltar). Die bläulichweiße, stuckverzierte Barockorgel (1736–39) ist eine der größten in Franken. *Gumbertusplatz 1 | www. gumbertus.de*

Insider Tipp
MARKGRAFENMUSEUM
Dramatik pur im Erdgeschoss: Hier ist Kaspar Hauser das Thema. Angeblich ein badischer Prinz, als Kind aus politischen Gründen im Verlies gehalten, tauchte der junge, verwirrte

Insider Ti[pp]
SYNAGOGE
Das barocke Bauwerk mit dem gelb-weißen Stuck ist innen effektvoll ausgestattet. Die Synagoge überlebte als eine der wenigen das Dritte Reich. *Rosenbadstr. 3 | Führungen*

auf Anfrage beim Amt für Kultur und Touristik (Tel. 0981/512 43)

ESSEN & TRINKEN

LANDGASTHOF KAESSER

Weithin bekannt für seine regionalen Spezialitäten. *Sa geschl.* | *Brodswinden 102–106* | *Tel. 0981/97 01 80* | *www.landgasthof-kaesser.de* | €

CAFÉ RESTAURANT ORANGERIE

Im prachtvollen historischen Bau bietet die Küche saisonale, fränkische Gerichte. Zum Verdauungsspaziergang lädt der direkt davor liegende Hofgarten ein. *Mo geschl.* | *Promenade 33* | *Tel. 0981/21 70* | *www.orangerie-ansbach.de* | €€

ÜBERNACHTEN

BEST WESTERN HOTEL AM DRECHSELSGARTEN

Das Viersternehotel mit viel Glas liegt im stadtnahen Grüngürtel. Stadtblick, neuer Wellnessbereich. *51 Zi.* | *Am Drechselsgarten 1* | *Tel.* 0981/890 20 | *www.drechselsgarten.bestwestern.de* | €€

HOTEL DER PLATENGARTEN

Liebevoll eingerichtete Zimmer. Nur während der im zweijährigen Turnus (2011, 2013 ...) stattfindenden Bachwochen ist der Lindengarten für Hotelgäste geöffnet. *10 Zi., 13 Suiten* | *Promenade 30* | *Tel. 0981/97 14 20* | *www.hotel-platengarten.de* | €€

Insider Tipp

FREIZEIT & SPORT

Das Radwegenetz um Ansbach ist hervorragend. Da das Flusstal der Altmühl kaum Steigungen hat, sind die 10 km über Herrieden bis nach Bechhofen ein Klacks. Dort liegt der kleine *Krummweiher*, in dem all die baden, denen es an den fünf großen Badeseen des Fränkischen Seenlands zu turbulent ist.

Insider Tipp

KART-CENTER-FRANKEN

Hier können Sie endlich einmal selbst Formel-1-Fahrer spielen,

MARCO POLO HIGHLIGHTS

★ **Erlangen**
Die Stadt vom Reißbrett ist ein Mekka für Radfahrer (Seite 47)

★ **Dokumentationszentrum Reichsparteitagsgelände**
Auf dem ehemaligen Reichsparteitagsgelände in Nürnberg zeigt die Ausstellung „Faszination und Gewalt", wie die Nazis die Massen aufputschten (Seite 41)

★ **Fränkisches Seenland/Altmühltal**
Segeln, surfen, schwimmen – die fünf großen Seen sind das Nonplusultra für Wassersportfreunde (Seite 36)

★ **Germanisches Nationalmuseum**
Von Dürer bis Gartenbau sind in Nürnberg deutsche Kultur und deutsches Handwerk auf faszinierende Weise zusammengestellt (Seite 42)

★ **Rothenburg ob der Tauber**
Eine ganze Stadt konserviert das Hochmittelalter – und ist zugleich unheimlich romantisch (Seite 50)

★ **Römermuseum**
Ein riesiger Römerschatz und ein Kastell schicken Sie in Weißenberg auf eine Zeitreise am Rätischen Limes (Seite 38)

ANSBACH

wilde Rennen fahren oder die Kart-schule besuchen. *Mo–Fr 17–23, Sa 14.30–23, So 10–22 Uhr | ab 9,50 Euro | Äußere Ansbacher Str. 3, Weihenzell | Tel. 09802/805 08 | www.kart-center-franken.de*

ZIELE IN DER UMGEBUNG

BAD WINDSHEIM UND
NEUSTADT AN DER AISCH   [125 D2]

Fachwerk, Barock und schöne Brunnen machen Bad Windsheim (12 000 Ew., 32 km, *www.bad-windsheim.de*)

Ob Besucher oder Aktiver in historischer Tracht – bei der Kinderzeche feiert ganz Dinkelsbühl

AM ABEND

CAFÉ PRINZREGENT ▶▶

Weit weniger konservativ, als der Name vermuten lässt, ist das gemütliche Café bei den Ansbacher Schülern und den Studenten der Fachhochschule Ansbach eine Institution. *Tgl. ab 19 Uhr | Landstr. 5*

AUSKUNFT

STADT ANSBACH, AMT FÜR KULTUR UND TOURISTIK

Johann-Sebastian-Bach-Platz 1 | Tel. 0981/512 43 | www.ansbach.de

zum attraktiven Touristenziel. Außerdem steht hier das *Fränkische Freilandmuseum,* wo 80 historische Gebäude aufgebaut sind (u. a. das Wirtshaus von Oberampfrach). Handwerker zeigen, wie Büttner, Steinmetze und Schmiede früher arbeiteten (*März–Mitte Okt. Di–So 9–18, Mitte Okt.–Anfang Nov. 10–17, Anfang Nov.–Mitte Dez. 10–16 Uhr | Eisweiherweg 1 | www.freilandmuseum.de*). In der *Frankentherme* entspannen Sie im Thermalbad, der Wellnessoase oder im ganzjährig be-

› **www.marcopolo.de/franken**

heizten Salzsee *(tgl. 9–22 Uhr, Eintritt ab 8,50 Euro | Erkenbrechtallee 10 | www.franken-therme.net).*

Richtung Neustadt an der Aisch (12 300 Ew., 38 km) liegt der *Aischgrund,* der dem Aischgrunder Spiegelkarpfen seinen Namen gab. Im Alten Rathaus zeigt das *Aischgründer Karpfenmuseum* u. a. Fischerwerkzeug und den fränkischen Lieblingsfisch selbst *(www.karpfenmuseum.de).*

DINKELSBÜHL [125 D5]

Die Stadt an der Wörnitz (11 500 Ew., 45 km) ist besonders gut erhalten. In der *Segringer Straße* säumen schöne Bürgerhäuser den Weg zum gelben *Segringer Tor* (1655 barock neu gestaltet), der *Hezelhof* ist das Idealbild eines Fachwerkhofs. Die Dinkelsbühler schafften es, ohne Zerstörungen achtmal erobert zu werden. Darauf spielt die *Kinderzeche* an, ein Umzug mit Fantasiekostümen und Musik (Mitte Juli). Im *Alten Rathaus* zeigt das *Haus der Geschichte* mit modernstem Museumskonzept die bewegte Geschichte der Stadt. Unterm Dach steht ein großes Modell von Dinkelsbühl *(Mai–Okt. Mo–Fr 9–18, Sa/So 10–17, Nov.–April tgl. 10–17 Uhr | Eintritt 4 Euro | Altrathausplatz).* Unter alten Kassettendecken sitzen Sie im Hotel-Restaurant *Blauer Hecht* auf barocken Stühlen und genießen internationale und fränkische Küche *(So/Mo geschl. | Schweinemarkt 1 | Tel. 09851/58 10 | www.blauer-hecht.de | €€).* Schlafen können Sie im ♫ *Hotel Deutsches Haus,* das außen mit vielen verschnörkelten Andreaskreuzen im Fachwerk, in den Zimmern mit Baldachinen und Ka-

chelöfen für Atmosphäre sorgt *(Restaurant | 17 Zi./2 Suiten | Am Weinmarkt 3 | Tel. 09851/60 58 | www.hotel-deutsches-haus.com | €€).* Besuchen Sie das neue ▶▶ *Theater am Spitalhof* oder seine Freilichtbühne am Wehrgang vor der Stadtmauer. Das Haus ist seit Kurzem Landestheater, die Inszenierungen sind sehr beliebt *(Tel. 09851/582 52 70).* Es lohnt sich ein Ausflug zum ca. 10 km entfernten ☀ Hesselberg, dem mit 689 m höchsten Berg in Mittelfranken. Bei schönem Wetter sehen Sie von hier mit Glück und Fernglas sogar die Alpen. *www.dinkelsbuehl.de*

ELLINGEN [125 F5]

Kleine Stadt – viel Barock. In Ellingen (3700 Ew., 47 km) machen Sie eine Zeitreise. Das *Residenzschloss Ellingen* (1717–21) mit seinen

ANSBACH

Walmdächern und der bewegten Fassade war bis 1789 Sitz der Deutschordensritter der Ordensprovinz Fränkische Ballei, später wurde es klassizistisch umgestaltet. In den Kabinetten sind v. a. die Papier- und Seidentapeten (Anfang 19. Jh.) außergewöhnlich, daneben sehen Sie eine Ausstellung des Kulturzentrums Ostpreußen *(April–Sept. Di–So 9–18, Okt.–März Di–So 10–16 Uhr | Eintritt 4 Euro | www.schloesser.bayern. de). www.ellingen.de*

FRÄNKISCHES SEENLAND/ ALTMÜHLTAL ★ [125 E–F4–5]

Insgesamt sieben Seen bieten südöstlich von Ansbach (25–50 km) hervorragende Wassersportmöglichkeiten. Der *Große* und der *Kleine Brombachsee* sowie der *Igelsbachsee* liegen nebeneinander. Im Umkreis finden Sie *Altmühlsee, Rothsee* und die kleinen Gewässer *Hahnenkammsee* sowie *Dennenloher See.* Die Ausflugsschiffe MS-Altmühlsee *(www. altmuehlsee-schifffahrt.de)* und die MS-Brombachsee *(www.ms-brom bachsee.com)* verkehren von März bis Oktober. Sie können segeln, surfen oder kitesurfen. Auf der Badehalbinsel *Absberg* (Brombachsee) werden in der dortigen Surfschule Grund- und Schnupperkurse *(Surfschule Brombachsee | Am Berg 20, Roth | Tel. 09175/597 | www.surf schulebrombachsee.de)* angeboten. Sie ist auch am Igelsbachsee vertreten. Kitesurfen lernen Sie am Brombachsee bei der VDWS-Surfschule *(Seecamping Langlau | Leibnizstr. 7, Altdorf | Tel. 0177/324 50 83 | www. windsurfingschule.de).* Die kleineren Seen liegen abgeschiedener und ruhiger. Wenn Ihnen eher nach Radwandern ist: Der Fränkische Seenlandweg führt auf 27 km um den Großen und Kleinen Brombachsee, unterwegs gibt es viele schöne Gartenlokale. Start ist in *Enderndorf* am

Sand, Sonne, See: fränkisches Strandidyll am Brombachsee

Brombachsee. Das ganze Angebot finden Sie beim *Tourismusverband Fränkisches Seenland (Hafnermarkt 13 | 91710 Gunzenhausen | Tel. 09831/50 01 20 | www.fraenkische-seen.de).*

GUNZENHAUSEN [125 E5]

Färber-, Blas- und *Storchenturm* prägen das Stadtbild von Gunzenhausen (16 300 Ew., 27 km). Die Stadt ist wegen ihrer Nähe zum Altmühlsee bei Wanderern, Wassersportlern und Radsportlern sehr beliebt. In der ehemaligen Posthalterei (seit 1633) mit den vielen grünen Fensterläden ist das Hotelrestaurant *Zur Post (26 Zi. | Bahnhofstr. 7 | Tel. 09831/674 70 | www.hotelzurpost-gunzenhausen.de | €–€€).* Die Zimmer sind rustikal eingerichtet. Das *Waldbad am Limes* ist in der Freibadsaison täglich von 7 bis 20 Uhr geöffnet *(Leonhardsruhstr. 46 | www.juramare.de).* Unweit liegt das *Juramare (Mo–Mi, Fr*

9–21.30, Do 6.45–21.30, Sa 8–21.30, So 8–20 Uhr | Eintritt ab 3,50 Euro | Bahnhofsplatz 16 | www.juramare. de).* Wenn Ihnen nach dem vielen Sport mehr nach Ruhe und Wandern ist, fahren Sie zum *Hahnenkamm*, einem Gebirgsrücken. Vom ✿ *Gelben Berg* haben Sie einen weiten Blick, der *Hahnenkammsee* ist selbst vielen Mittelfranken unbekannt. *www.gunzenhausen.de*

NATURPARK ALTMÜHLTAL [126 A–C5–6]

Deutschlands drittgrößter Naturpark (3000 km^2) wird von waldigen Höhenzügen, Wacholderheide und Steinbrüchen geprägt, dazwischen fließt die Altmühl. Ideal zum Wandern! Auf dem *Altmühl-Panoramaweg* (Wanderweg des Jahres 2008) [Insider Tipp] können Sie auf 200 km Länge vorbei an seltsamen Felstürmen wie den *Zwölf Aposteln* (bei Solnhofen), durch Wiesen und Wälder an Burgen, Schlössern und Römerkastellen entlanglaufen. Auch für Bootswanderungen, für Klettertouren oder zum Fossiliensuchen ist der Naturpark eine erste Adresse. *Informationszentrum Naturpark Altmühltal | Notre Dame 1, Eichstätt | Tel. 08421/987 60 | www.naturpark-altmuehltal.de*

NATURPARK FRANKENHÖHE [125 D–E3]

Nordöstlich von Rothenburg durchziehen Mischwälder, Streuobstwiesen, Hügellandschaften und Flüsse eine der sonnenreichsten Gegenden Frankens. Daher gibt es um den Ort *Ipsheim* (2000 Ew., 34 km) einige der in Mittelfranken seltenen Weinberge. Im großen Naturpark erheben sich die höchsten Berge Mittelfrankens (www.naturpark-frankenhoehe.de). An der oberen Altmühl liegt das Städtchen ☙ Colmberg (2000 Ew., 15 km) mit der *Burg* aus dem 11. Jh. Vom 500 m hohen, alten Hohenzollernsitz haben Sie einen weiten Blick. Im *Hotelrestaurant Burg Colmberg* serviert man in ritterlichem Ambiente von Burgstube oder Kaminzimmer schmackhafte Wildgerichte aus eigenem Gatter (26 Zi. | Di geschl. | Tel. 09803/ 919 20 | www.burg-colmberg.de | €€–€€€).

SOLNHOFEN   [126 A6]
Weltruf erlangte der Ort (1800 Ew., 65 km) durch seine Kalkschieferplatten, die für die Lithografie verwendet werden. Von Alois Senefelder 1797 entdeckt, wurde das Druckverfahren von bedeutenden Künstlern wie Manet, Picasso, Goya und Toulouse-Lautrec zur Vervielfältigung ihrer Werke genutzt und weiterentwickelt. Die berühmtesten Einwohner sind sicherlich die sechs versteinerten Urvögel (Archäopteryx), die hier gefunden wurden. Abdrücke der beiden ersten Exemplare sowie zahlreiche Fossilien aus der Tier- und Pflanzenwelt der Jurazeit sind im *Bürgermeister-Müller-Museum* zu sehen (Lithografie-Ausstellung im Obergeschoss | April–Okt. tgl. 9–17, Nov.–März So 13–16 Uhr | Eintritt 3 Euro | Bahnhofstr. 8). www.solnhofen.de

WEISSENBURG   [125 F5]
Wer römische Geschichte atmen will, während er durch eine mittelalterliche Stadt (17 600 Ew., 50 km) spaziert, ist hier richtig. Das *Ellinger Tor* mit seinen markanten Seitentürmen und dem Reichsadler war 1964 und 1967 ein bekanntes deutsches Briefmarkenmotiv. Die *Altstadt* hat noch heute eine komplette gotische Stadtmauer. Westlich finden Sie das rekonstruierte Nordtor des *Reiterkastells Biriciana*. Die riesige Anlage stammt aus dem 1. Jh. n. Chr. 1977 fand man Fundamente eines großen Römerbads (teilweise begehbar). 1979 wurde der *Weißenburger Römerschatz* entdeckt. Das ★ *Römermuseum* zeigt einzigartige Masken, Statuen und mehr. Dort ist auch das *Bayerische Limes-Informationszentrum* untergebracht (April–Ende bayerische Herbstferien tgl. 10–17, März tgl. 10–12.30, 14–17 Uhr | Eintritt 2 Euro | Martin-Luther-Platz 3–5 | www.weissenburg.de). Der Rätische Limes ist Unesco-Weltkulturerbe, um das Kastell herum sehen Sie weitere Reste. Im ☙ *Flair-Hotelrestaurant am Ellinger Tor* schlafen Sie in wunderschönem rotem Fachwerk in hellen, modernen Räumen, teilweise mit Balkon (27 Zi. | Am Ellinger Tor | Tel. 09141/864 60 | www.ellingertor.de | €–€€).

WOLFRAMS-ESCHENBACH   [125 E4]
Sie möchten eine Mittelalterstadt erkunden, aber Rothenburg ob der Tauber ist Ihnen zu touristisch? Dann besuchen Sie die viel ruhigeren Orte *Wolframs-Eschenbach* (2800 Ew., 17 km) und *Mitteleschenbach* (1600 Ew., 20 km) mit ihren mittelalterlichen Stadtkernen. Das *Wolfram-von-Eschenbach-Museum* im Alten Rathaus von Wolframs-Eschenbach bietet mit Medieneinsatz und Rauminstallationen einen spannenden Zugang zum Minnesänger Wolfram von

Eschenbach (1160–1220) und seinem Parzival-Mythos *(April–Okt. Di–So 14–17, So auch 10.30–12, Nov. bis März 13–16 Uhr | Eintritt 2 Euro | Wolfram-von-Eschenbach-Platz 9 | www.wolframs-eschenbach.de)*. Machen Sie einen Ausflug ins nahe ==Merkendorf== (2800 Ew., 18 km). In der Sauerkrautstadt können Sie Krautbrot, Krauteis und sogar Krautpralinen kaufen.

NÜRNBERG

 KARTE IN DER HINTEREN UMSCHLAGKLAPPE

[126 A2–3] Die reichste Stadt des Hochmittelalters mit Handelsverbindungen in die ganze Welt ist heute eine moderne Großstadt (503 000 Ew.) mit Wolkenkratzern und U-Bahn-Netz. Im Zentrum aber hat sich das Hochmittelalter verewigt. Die Stadtmauer mit den gewaltigen Türmen, die Burg, die hoch über der Stadt die unverkennbare Silhouette aus Mauern, Bergfried und spitzen Dächern zeigt, lassen den Wohlstand erahnen, genauso wie die großen, schmuckvollen Patrizierhäuser rund um den Burgberg, die viel über den Reichtum der Nürnberger Kaufleute des Mittelalters erzählen. Das Reichsparteitagsgelände und der Schwurgerichtssaal 600 zeigen aber auch die dunklen Seiten der Stadtgeschichte. Hier hielt die NSDAP ihre Reichsparteitage ab, hier wurden 1935 die Rassengesetze erlassen. Und hier fanden 1946–48 die Nürnberger Prozesse statt, bei der Kriegsverbrecher wie Hermann Göring zum Tode verurteilt wurden. Die Metropolregion Nürnberg, deren Zentrum die selbstbewusste Stadt ist, gehört

Multimedia für den Minnesang im Wolfram-von-Eschenbach-Museum

zu den wichtigsten Wirtschaftszonen Europas. Der Nürnberger Handel geht – wie früher – heute wieder nach ganz Osteuropa. Aber auch mit China werden seit einiger Zeit intensive Kontakte gepflegt.

■ SEHENSWERTES ■

ALBRECHT-DÜRER HAUS   [U C2]

Unterhalb der Burg gelegen, führt Sie Dürers Frau Agnes, per Multimedia zugeschaltet, durch einen Künstlerhaushalt der Renaissance. Die vielen original gestalteten Stuben mit eisernen Kachelöfen, geschnitzten Möbeln, vor allem aber die dunkle, rußige Küche lassen Sie eine Zeitreise von 500 Jahren machen. *Di–So 10–17, Do 10–20 Uhr, Juli–Sept. auch Mo | Eintritt 5 Euro | Albrecht-Dürer-Str. 39 | www.museen.nuernberg.de/duererhaus*

BURGBERG   [U C1] In T

Was oft nicht mal die Nürnberger wissen: Der Burgberg ist durchlöchert wie ein Schweizer Käse. Bis zu 15 m unter der Erde verläuft ein Netz von Räumen und Korridoren verschiedener Jahrhunderte, die als Bierkeller, aber auch als Versteck genutzt wurden. Führungen bietet der Förderverein Nürnberger Felsengänge. *Ostersamstag–Okt. tgl. um*

> BLOGS & PODCASTS

Gute Tagebücher und Files im Internet

> *www.2.kubiss.de* – gute Tipps für den gesamten Großraum Nürnberg

> *www.wuewowas.de* – alles, was in Würzburg los ist: Kinos, Festivals etc.

> *www.feki.de* – nützliche Informationen über Bamberg und aktuelle Veranstaltungen in der Unistadt

> *www.bayern-wolln-mer.net/* – satirisch-komischer bis ernster Blog zum fränkischen Patriotismus

> *www.beutebayern.de/frankisch/frankischer-podcast/* – zum Einhören in die Mundart und über die Tücken der Laute „b" und „p" sowie „d" und„t" im fränkischen Alltag

> *www.geocaching-franken.de/* – Für alle Freunde der elektronischen Schnitzeljagd bietet dieser Blog quer durch Franken tolle und fantasievolle Touren.

> *http://blog.nz-online.de/vipraum/archives/tag/franken-blog* – Der ViP-Raum beschäftigt sich mit den schönen Dingen des Lebens zwischen „Lebtop und Lapkuchen".

> *www.blogabfertigung.de/tag/franken* – zentrales Blog zu allem, was Menschen in der Metropolregion Nürnberg so täglich treiben

> *http://franken-blog.de/* – heimatlich orientierter „Frei statt unter Bayern"-Blog, der das im Namen enthaltene Motto als Mission begreift und diese gern mit geschichtlich versierten Beiträgen an den User bringt

> *www.br-online.de* – Gschmarri: Das fränkische Urgestein Klaus Schamberger erklärt hier beinahe alles: das fränkische Wetter, die fränkische Verkehrslage und das Leben an sich.

Für den Inhalt der Blogs & Podcasts übernimmt die MARCO POLO Redaktion keine Verantwortung.

11, 13, 15, 17 Uhr, Fr/Sa zusätzl. 18 Uhr (Bierführung mit Bierprobe) | ab 4,50 Euro | Bergstr. 19 | Tel. 0911/ 22 70 66 | *www.felsengaenge-nuern berg.de*

DB-MUSEUM NÜRNBERG [U C6]

Der legendäre „Adler", die erste Dampflok der Welt, ist das Prunkstück des Hauses. Auf drei Etagen zeigt das Museum eine faszinierende Zeitreise von den Anfängen der Bahn bis heute. Mit dem „Adler" werden auch regelmäßig Publikumsfahrten zwischen Nürnberg und Fürth gemacht. *Di–Fr 9–17, Sa/So 10–18 Uhr | Eintritt 4 Euro | Lessingstr. 6 | www.dbmuseum.de*

DOKUMENTATIONSZENTRUM REICHSPARTEITAGSGELÄNDE ★ [O]

Im hufeisenförmigen Riesenbau des Parteitagsgeländes erklärt Ihnen eine Audioführung durch die Ausstellung „Faszination und Gewalt", wie die Nationalsozialisten durch Architektur und Massenveranstaltungen Menschenmassen indoktrinierten. Neben dieser Dauerausstellung gibt es regelmäßig wechselnde Ausstellungen zum Thema Drittes Reich. *Mo–Fr 9–18, Sa/So 10–18 Uhr | Eintritt 5 Euro | Bayernstr. 110 | www.mu seen.nuernberg.de/dokuzentrum*

EHEKARUSSELLBRUNNEN [U B4]

Unmittelbar am Weißen Turm (der allerdings gar nicht weiß ist) wogen üppige Brüste, glotzen Kröten und ringen Gerippe – der riesige Ehekarussellbrunnen aus Bronze und Marmor von 1984 zeigt drastisch und komisch zugleich, wie sich der Künstler Jürgen Weber den Weg zwischen Ja-

wort und Tod vorstellt. Inspiriert wurde er dabei von einem Gedicht des Meistersingers Hans Sachs. *Ludwigsplatz*

Zeichen setzen: Dokumentationszentrum Reichsparteitagsgelände

FEMBOHAUS [U D2]

Das tönende Stadtmodell im Dachgeschoss zeigt Ihnen anhand eines fantastisch detaillierten Panoramas die Geschichte Nürnbergs, eine Multivision im Kino. Und den Auftritt historischer Figuren wie Elsbeth Tucher sollten Sie nicht verpassen. *Di–Fr 10–17, Sa/So 10–18 Uhr | Eintritt 5 Euro | Burgstr. 15 | www.museen. nuernberg.de/fembohaus*

NÜRNBERG

GERMANISCHES NATIONALMUSEUM ⭐ [U C5]

Ein Besuch reicht kaum, um die weltberühmte Sammlung, die im alten Kartäuserkloster untergebracht ist, anzuschauen. Das Museum beherbergt Geräte. Die grafische Sammlung gehört mit 300 000 Blättern zu den größten ihrer Art in Europa. *Di–So 10–18, Mi 10–21 Uhr | Eintritt 6 Euro,* ==Mi 18–21 Uhr Eintritt gratis== | *Kartäusergasse 1 | www.gnm.de* `Ins Ti`

Heilige, Kirchenväter und Kurfürsten schmücken den Schönen Brunnen

herbergt Gemälde von Dürer, Skulpturen von Ernst Barlach und Joseph Beuys, einen riesigen Saal mit Schwertern, Schilden und Rüstungen für Mensch und Pferd sowie eine der bedeutendsten Sammlungen historischer Musikinstrumente. Es verschafft weiterhin einen umfassenden Überblick über Mode und Volkskunst aus dem gesamten deutschsprachigen Raum. Beeindruckend sind auch die riesigen Historiengemälde mit Darstellungen antiker Schlachten sowie die Sammlung alter medizinischer

KAISERBURG ☀ [U C–D1]

Der Weg hinauf ist steil, aber der Blick von der Burg (11. Jh.) auf Altstadt und Handwerkerviertel ist wunderbar. Den runden, massigen *Sinnwellturm* können Sie auf einer Führung besichtigen. Nebenan, unter dem riesigen Dach mit den vielen Gauben, war früher die Kaiserstallung, die heute Jugendherberge ist. Innen sehen Sie Geschütze, Hellebarden und Feuerwaffen. *April–Sept. tgl. 9–18, Okt.–März 10–16 Uhr | Eintritt 5 Euro | Auf der Burg 13*

> **www.marcopolo.de/franken**

MUSEUM ALTE MINE [126 A3]

Wenn Sie schon immer wissen wollten, warum die Arbeiter in einer Bleistiftminenfabrik „Rußkäfer" genannt wurden und wie komplex so ein Bleistift eigentlich ist – im alten Werk der Firma Faber-Castell an der Pegnitz zeigt man es Ihnen. *Dritter So im Monat 11–17 Uhr und nach Vereinbarung | Eintritt 4 Euro | Mühlstr. 2, Stein | Tel. 0911/99 65 55 36*

NEUES MUSEUM – STAATLICHES MUSEUM FÜR KUNST UND DESIGN [U D5]

Schon die fast 100 m lange Glasfront in Nähe des Hauptbahnhofs macht klar: Hier geht es um Ästhetik. Faszinierende Möbel, verblüffende Plakatkunst und ausgesuchte Designs seit 1945. *Di–Fr 10–20, Sa/So 10–18 Uhr | Eintritt 4 Euro | Klarissenplatz | www.nmn.de*

ST.-LORENZ-KIRCHE [U D4]

Im Inneren der doppeltürmigen Kirche (um 1250) mit der großen Fensterrose scheint Maria mit dem Engel in einem Heiligenschein aus Engeln zu schweben – der „Englische Gruß" (1518) von Veit Stoß (1447–1533) ist ein weltberühmtes Werk der Spätgotik. Wie ein Baum reckt sich das ebenso bedeutende Sakramentshaus empor (1496). Dort hat sich der Künstler Adam Kraft (1460–1509) mit Hammer und Meißel kniend dargestellt. *Mo–Sa 9–17, So 13–16 Uhr | Eintritt 1 Euro (freiwillig) | Lorenzplatz | www.lorenzkirche.de*

SCHLOSS STEIN [126 A3]

Hinter den Jugendstilmauern von Schloss Stein lebte und liebte von 1946 bis 48 die internationale Szene der Hochliteratur: Ernest Hemingway (1899–1961), John Dos Passos (1896–1970) und andere weltberühmte Schriftsteller waren während der Nürnberger Prozesse im Pressecamp untergebracht. Zahlreiche Bilder und Dokumente lassen die Atmosphäre von damals lebendig werden. *Dritter So im Monat 11–17 Uhr und nach Vereinbarung | Eintritt 5 Euro | Nürnberger Str. 2, Stein | Tel. 0911/99 65 55 36*

SCHÖNER BRUNNEN [U C3]

Es ist nicht leicht, den goldenen Messingring im gotischen, bunten Schmuck des Schönen Brunnens (Ende 14. Jh.) auf dem Hauptmarkt zu finden. Vergoldete Heilige mit Lanzen und Krummstäben türmen sich auf knapp 20 m Höhe und lenken von dem angeblichen Glücksbringer ab, den Sie möglichst berühren und drehen sollten.

SCHWURGERICHTSSAAL 600 [0]

Im Gerichtssaal mit der dunklen Holzvertäfelung wird die Organisation der Nürnberger Prozesse erklärt, ein Film zeigt eines der wichtigsten Gerichtsverfahren der Weltgeschichte. *Nur mit Führung, Sa/So 13–16 Uhr zu jeder vollen Stunde | Eintritt 2,50 Euro | Landgericht Nürnberg-Fürth, Eingang Bärenschanzstr. 72 | www.museen.nuernberg.de/prozesse*

SEBALDUSKIRCHE [U C2]

Die ältere der beiden Stadtkirchen (um 1230) Nürnbergs liegt oberhalb des Hauptmarkts. Beachten Sie die rätselhaften Figuren auf den Pfeilern. Innen befindet sich das spätgotische

Grabmal (1508–1519) des Stadtheiligen St. Sebald. Das „Bamberger Fenster" im Ostchor oben hat Albrecht Dürer (1471–1528) 1501 entworfen. *Tgl. Jan.–März 9.30–16, April–Mai und Mitte Sept.–Dez. 9.30–18, Juni–Mitte Sept. 9.30–20 Uhr | Albrecht-Dürer-Platz 1 | www. sebalduskirche.de*

SPIELZEUGMUSEUM [U C3]

Hinter der Renaissancefront finden kleine und große Kinder eine faszinierende Welt vom Holzspielzeug bis zum Computerspiel. *Di–Fr 10–17, Sa/So 10–18 Uhr | Eintritt 5 Euro | Karlstr. 13–15 | www.museen.nuern berg.de/spielzeugmuseum*

St. Sebald: älteste Pfarrkirche Nürnbergs

TIERGARTEN [0]

Hier schießen Delphine durchs Wasser, dösen afrikanische Löwen neben Sibirischen Tigern in zerklüfteten Felslandschaften. Einer der schönsten deutschen Landschaftszoos zeigt auf 70 ha Fläche über 2500 Tiere in natürlich gestalteten Gehegen. Besonders beliebt bei Besuchern sind die 30-minütigen Vorführungen im Delphinarium, die täglich mehrmals stattfinden. Im Dezember 2007 löste die Geburt von Eisbärin Flocke einen Besucheransturm und ein derart gewaltiges Medienecho aus, dass sich die Stadt Nürnberg den Begriff „Eisbär Flocke" kurzerhand als Marke schützen ließ. Sehr schöner Spielplatz. *Ende März–Anfang Okt. tgl. 8–19.30, Anfang Okt.–Ende März 9–17 Uhr | Eintritt 7,50 Euro (Delphinarium zusätzl. 4,50 Euro) | Am Tiergarten 30 | www.tiergarten. nuernberg.de*

ESSEN & TRINKEN

ALTE KÜCH'N [U C2] Insi Ti

Schwerter, Spieße und Rüstungen auf grob behauenem Gewölbe bilden das stimmungsvolle Ambiente, in dem Sie Bier aus Hörnern trinken und Wachtel im Speckmantel essen. Neben Ritteressen gibt's auch Internationales. *Tgl. | Albrecht-Dürer-Str. 3 | Tel. 0911/20 38 26 | www.alte-kueche.de | €*

ZUR BAUMWOLLE [U C4]

Im gemütlichen, holzvertäfelten Restaurant gibt es alles, was das fränkische Herz begehrt: von Schäufele bis Karpfen. *So geschl. | Adlerstr. 18–20 | Tel. 0911/22 34 12 | www.zurbaum wolle.de | €–€€*

ESSIGBRÄTLEIN   [U C2]

Das wuchtige Steinhaus hat zwei Michelin-Sterne. Inmitten dunkler Holzvertäfelung serviert man internationale neue Küche. *So/Mo geschl.* | *Weinmarkt 3* | *Tel. 0911/22 51 31* | €€€

ZUM GULDEN STERN ▶▶   [U B5]

Nürnberger Bratwürste zwischen Balken und Kupfergeschirr. Die älteste Bratwurstküche der Stadt (1419) ist eine Institution. *Tgl.* | *Zirkelschmiedsgasse 26* | *Tel. 0911/205 92 88* | *www.bratwurstkueche.de* | €

HEILIG-GEIST-SPITAL   [U D3]

In einer Art riesiger, mittelalterlicher Stube mit viel Holz werden saisonabhängig fränkische Spargel-, Wild-, Fisch- und Pilzspezialitäten serviert. *Tgl.* | *Spitalgasse 16* | *Tel. 0911/22 17 61* | *www.heilig-geist-spital.de* | €€

◼ EINKAUFEN ◼

In der Kaiserstraße finden Sie die eher exklusiven Geschäfte, in der Königstraße die großen Kaufhäuser.

CASA DEL HABANO   [U C3]

In der riesigen Tabaklounge gibt es sogar die echten Kubanischen – ab etwa 4 Euro aufwärts können Sie in elegantem Ambiente Edles zum Verrauchen kaufen. *Hauptmarkt 9* | *www.casadelhabano.de*

GRADLS WHISKYFÄSSLA   [0]

Unter den über 600 Whiskysorten, die hier gelagert werden, finden Sie bestimmt die richtigen. *Do–Fr 12–19, Sa 10–16 Uhr und nach Vereinbarung* | *Oelser Str. 7a* | *Tel. 0911/837 03 00* | *web.whiskyfaessla.de*

HANDWERKERHOF NÜRNBERG   [U E5]

Für Freunde alten Handwerks: Hier können Sie dem Lebküchner oder der Töpferin bei ihrer faszinierenden Arbeit zuschauen und die schönsten

Kurz und gut: Nürnberger Rostbratwürste

Produkte auch kaufen. *Mo–Sa 9–22 Uhr, Ladengeschäfte Mo–Fr 10 bis 18.30, Sa 10–16 Uhr* | *Königstor* | *www.handwerkerhof.de*

TREMPELMARKT   [U D3]

Der berühmte Altstadtflohmarkt ist einer der größten in Deutschland. Neben privaten Verkäufern bestimmt ein großer Anteil an Profis das Geschäft. *Jeweils am zweiten Wochenende im Mai und im Sept. Fr 16–24, Sa 7–18 Uhr* | *Hauptmarkt*

◼ ÜBERNACHTEN ◼

AGNESHOF 🔊 ❄   [U C2]

Im historischen Sebaldviertel haben Sie von vielen der hellen, bequem möblierten Zimmer aus Blick auf die Burg. Es gibt Sauna und Solarium. *74 Zi.* | *Agnesgasse 10* | *Tel. 0911/21 44 40* | *www.agneshof-nuernberg.de* | €€

DERAG-HOTEL MAXIMILIAN  [0]

Komfortable Zimmer, Restaurant mit eigenem Biergarten und nur 5 Gehminuten von der Altstadt entfernt. *284 Zi. | Obere Kanalstr. 11 | Tel.*

Nightlife in Nürnberg: Cocktails & Co.

0911/929 50 | www.deraghotels.de | €€

SCHINDLERHOF [0]

Das Hotelrestaurant im Grünen bietet Sauna, Dampfbad und Fitnessbereich, die Zimmer sind abwechslungsreich und modern dekoriert. *95 Zi. | Steinacher Str. 6–10 | Tel. 0911/ 930 20 | www.schindlerhof.de | €€€*

> **www.marcopolo.de/franken**

FREIZEIT & SPORT

NORISRING [0]

Auf einer der berühmtesten Rennstrecken der Welt finden alljährlich Ende Juni/Anfang Juli hochkarätige Rennen statt. *Äußere Sulzbacher Str. 32 | Tel. 0911/59 70 51 | www.noris ring.de*

AM ABEND

Die Kneipenszene in Nürnberg ist ein wenig verteilt. Unterhalb der *Burg* und in der *Weißgerbergasse* finden Sie viele Pubs und Bars in alten Fachwerkhäusern. Im neobarocken Gebäudekomplex der ▶▶ *Vereinigten Margarinewerke Resi (Nähe Nordostbahnhof, Klingenstr.)* sind zahlreiche Diskos und Szenelokale.

HIRSCH [0]

Disko, Clubbing und jede Menge Livekonzerte mit großen Namen. *Vogelweiherstr. 66 | Tel. 0911/42 94 14 | www.der-hirsch.de*

JAZZ STUDIO NÜRNBERG ▶▶ [U D1]

Blues, Soul, Bop und Funk – auf dieser Bühne spielen regelmäßig die Stars der jeweiligen Richtung. *Vestnertormauer 24 | Tel. 0911/36 42 97 | www.jazzstudio.de*

KULTURZENTRUM K4 [U D4]

Hier gibt es jeden Abend etwas Neues: Latin, Salsa, Ü-30-Party oder Lesung. *Königstr. 93 | Tel. 0911/ 22 36 47 | www.kubiss.de*

LOOM ▶▶ [U E4]

Die Szenelocation. Im Cocktail-Bar-Lounge-Club gibt es Longdrinks, Fingerfood und Musik vom DJ. *Katharinengasse 14 | www.loom-bar.de*

MITTELFRANKEN

MEISTERSINGERHALLE [0]

Kongress- und Kulturzentrum mit wechselnden Veranstaltungen von Symphoniekonzert über Bälle bis zum Rockkonzert. *Münchener Str. 21 | Tel. 0911/231 80 00 | www.meister singerhalle.nuernberg.de*

STAATSTHEATER NÜRNBERG [U C6]

Eher traditionelles Opern- und Schauspielhaus unter mächtiger neoklassizistischer Kuppel. Alle zwei Jahre Gluck-Festspiele. *Richard-Wagner-Platz 2–10 | Tel. 0911/231 35 75 | www.staatstheater-nuern berg.de*

■ AUSKUNFT

TOURIST INFORMATION IN DER NÜRNBERG-INFO [U D5]

Mo–Sa 9–19, So 10–16 Uhr | Königstr. 93 (gegenüber Hbf.) | Tel. 0911/233 60

TOURIST INFORMATION AM HAUPTMARKT [U D3]

Mo–Sa 9–18, Mai–Okt. auch So 10–16 Uhr | Hauptmarkt 18 | Tel. 0911/233 60 | www.tourismus.nuern berg.de

■ ZIELE IN DER UMGEBUNG

ERLANGEN ★ [126 A1]

Erlangen (104 000 Ew., 25 km) hat viele schöne alte Häuser, hat aber im Gegensatz zu Restfranken nichts Verwinkeltes. Das gerade Straßennetz wurde 1685 auf dem Reißbrett entworfen. Das macht die Universitätsstadt (über 20 000 Studenten) zur idealen Fahrradstadt. Selbst Banker mit Köfferchen radeln hier. Nachts ist Erlangen ein Mekka für Kneipengänger. Angeblich gibt es 500 Bars und Kneipen. *Le Temple,* der gedrungene Kirchenbau am Hugenottenplatz, erklärt, warum die Straßen ein so regelmäßiges Gitter bilden. Markgraf Christian Ernst von Brandenburg-Bayreuth (1644–1712) nahm im 17. Jh. so viele aus Frankreich geflohene Hugenotten auf, dass eine völlig neue Stadt mit barocken Symmetrien angelegt wurde. Eine grüne Oase ist der *Botanische Garten (tgl. 8–16, Juni–Aug. 8–17.30, Mai–Sept. So 14–16 Uhr | www.botanischer-garten.uni-erlangen.de)* neben dem Schlossgarten. Zwischen exotischen Pflanzen gehen Sie durch japanische Tore, sehen Fische und gelangen zur Neischl-Grotte *(Mai–Sept. So 14–16 Uhr),* einer echten Rarität. Eine künstliche Tropfsteinhöhlenwelt mitten in der Stadt. *Insider Tipp*

Mitten im Wald erleben Sie Operette, Goethes Faust oder Grimms Märchen im fränkischen Dialekt beim Abstecher ins romantisch zugewachsene ▶▶ *Theater Kuckucksheim* *Insider Tipp* in *Heppstädt (17 km, www.kuckucks heim.de).* Einzigartig ist das Dutzend alter, riesiger Mühlräder entlang der Regnitz, die Sie am Fluss finden, wenn Sie Richtung *Möhrendorf* (17 km) fahren. Früher dienten Sie der Bewässerung der Felder, heute speisen sie ein Feuchtbiotop. Zum Essen fahren Sie 10 km südöstlich in den kleinen Ort *Kalchreuth.* Albrecht Dürer malte das Dörfchen häufiger. Nach kurzem Rundgang landen Sie im Dorfwirtshaus *Zum Roten Ochsen.* Der Kümmelkrustenbraten des Hauses ist berühmt. Der Küche gelingt der kulinarische Spagat zwischen fränkischer und asiatischer Küche. Es gibt einen wunderschönen

Biergarten mit großen Bäumen *(Mo geschl. | 16 Zi. | Weißgasse 10–12 | Tel. 0911/518 09 17 | www.roter-ochse-kalchreuth.de | €–€€). www.erlangen.de*

Fürth ein reiches jüdisches Leben hatte, zeigt das *Jüdische Museum,* ein altes Steinhaus in Rathausnähe. Schriftstücke, religiöse Einrichtungen wie Laubhütte und Mikwe ma-

Insider Tipp

Zeugen von der jüdischen Vergangenheit Fürths: Grabsteine auf dem Jüdischen Friedhof

FÜRTH [125 F2]

Das *Rathaus* der Stadt (114 000 Ew., 9 km) mit seinem eckig-hohen Türmchen ist ein Nachbau des Rathauses von Florenz. Der zauberhafte *Grüne Markt* in der Stadtmitte zeigt, dass die Stadt derzeit erfolgreich ihren schönen alten Kern renoviert. Eingefasst wird Fürth von zwei Flüssen, Rednitz und Pegnitz, die zur Regnitz zusammenfließen. Fürth war eine der ersten deutschen Städte mit Eisenbahnanschluss. 1835 fuhr der „Adler", die erste deutsche Eisenbahn, von Nürnberg nach Fürth. Dass

chen das jüdische Fürth bis heute lebendig *(Di 10–20, Mi–So 10–17 Uhr | Eintritt 3 Euro | Königsstr. 86 | www.juedisches-museum.org). Das Rundfunkmuseum* stellt in der alten Grundig-Direktion abenteuerliche Geräte aus der Anfangszeit des Rundfunks bis zum modernen iPod aus *(Di–Fr 12–17, Sa/So 10–17, erster Do im Monat 12–22 Uhr | Eintritt 4 Euro | www.rundfunkmuseum.fuerth.de).* Bei *C. Stockert & Sohn,* der ältesten deutschen Manufaktur für optische Präzisionsgeräte und Kompasse, bekommen Sie dekora-

MITTELFRANKEN

tive, massive Kompasse, Lupen und Stabmikroskope *(Marienstr. 47 | www.stockert-sohn.de)*. In der *Gustavstraße* haben Sie abends die Qual der Wahl: Hier liegen zahlreiche Kneipen, Bars und Pubs direkt nebeneinander. Eine Institution in Fürth ist die <mark>Kleine Komödie,</mark> in der die deutschlandweit bekannten Lokalmatadoren Volker Heissmann und Martin Rassau alias „die Tanten" regelmäßig Kollegen wie Django Asül oder Ingo Appelt auf die Bühne bitten *(Helmplatz. 1 | Tel. 0911/ 749 34 27 | www.comoedie.de)*. Der stylishe *Heinrich Finest Grill* liegt direkt ums Eck und serviert Comödie-Salat und Riesengarnelen *(Mo geschl. | Theresienstr. 1 | Tel. 0911/ 74 92 99 47 | www.comoedie.de | €–€€)*. Das 2007 eröffnete *Fürthermare* bietet Sport-, Spaß- und Wellnessangebote auf fast 12 000 m². Das Heilwasser der Therme ist außergewöhnlich mineralhaltig *(tgl. 10–23 Uhr | Eintritt ab 7,50 Euro | Scherbsgraben 15 | www.fuerthermare.de)*. *www.fuerth.de*

LAUF A. D. PEGNITZ [126 B2]

Der Marktplatz der alten Industriestadt (27 000 Ew., 17 km) mit seinen vielen hübschen Fachwerkhäusern mit Giebelkränen war einmal Teil einer Handelsroute. Die Goldene Straße von Nürnberg nach Prag führte durch die beiden Stadttore an den Marktplatzenden. Mitten hindurch rauscht die Pegnitz, die hier ihr stärkstes Gefälle hat. Das erklärt die zahlreichen Mühlen in und um die Stadt, die bis ins 20. Jh. noch für die Industrie genutzt wurden. Das *Industriemuseum Lauf* zeigt an Ort und

Stelle die Geschichte der von Wasserkraft betriebenen Industrie von der Mühle bis zum Hammerwerk *(April–Nov. Mi–So 11–17 Uhr | Eintritt 4 Euro | Sichertstr. 5–25 | www. industriemuseum-lauf.de)*. Uriges Fachwerk außen wie innen, einen offenen Kamin und einen gemütlichen kleinen Gastraum bietet das *Wirtshaus Zwinger Melber*. Hier werden deftige, urfränkische Gerichte zubereitet, Sie bekommen aber auch ein exzellentes Salatbuffet *(Mo geschl. | Hersbrucker Str. 1 | Tel. 09123/ 98 32 14 | www.zwinger-melber.de | €–€€)*. Einen der schönsten Höfe der Stadt besaß schon im Mittelalter der *Gasthof zum Wilden Mann (21 Zi. | Marktplatz 21 | Tel. 09123/50 05 | www.frankenalb.de | €–€€)* mit seinen Galerien. Die ehemalige Fürstenherberge liegt nahe am Hersbrucker Tor. 1414 übernachtete in den heute historisch eingerichteten Zimmern der tschechische Reformator Jan Hus. *www.lauf.de*

ROTH [126 A4]

Die Industriestadt (24 800 Ew., 32 km) ist berühmt für die *Rother Bluestage,* die Anfang April internationale Stars der Blues-, Funk- und Gospelszene herführen. Aus alten Zeiten stammt das sogenannte leonische Gewerbe, bei dem mit Draht Christbaumschmuck und Borten (Textilschmuck) gefertigt werden. Wie das funktioniert, zeigt das *Rother Fabrikmuseum (März–Okt. Sa/So 13.30–16.30 Uhr | Eintritt 2 Euro | Obere Mühle 4 | www.fabrik museum-roth.de)*. Das schönste Bauwerk ist *Schloss Ratibor,* in dem Sie Prunksaal, Musikzimmer und Speisesaal früherer Schlossherren besichtigen können (*April–Okt. Di–So 13 bis 17 Uhr | Eintritt 3 Euro | Hauptstr. 1 | www.stadt-roth.de*). Der *Mühlenweg* verbindet 17 Mühlen und einige Gasthöfe um Roth. Auf den beschilderten Rundwanderweg kommen Sie von der Oberen Mühle in Roth.

ROTHENBURG OB DER TAUBER

KARTE AUF SEITE 128

[124 C3] ⭐ Noch weit vor Rothenburg sehen Sie die Mauern und Türme der Stadt harmonisch aus der Landschaft wachsen (11 200 Ew.). Die Silhouette könnte Hintergrund eines Dürer-Bilds sein. Sie sehen Fachwerkhäuser, die spitz wie Bügeleisen zulaufen. Und gepflasterte Gässchen, die durch die vielen Tortürme führen. Ab Mitte des 17. Jhs. verlor Rothenburg seine ursprüngliche Bedeutung, und weil ab da kaum neue Gebäude errichtet wurden, hat sich das alte Stadtbild so erhalten. Es gibt kaum Autos in Rothenburg, dafür viele Touristen, deren Fotoapparate unablässig klicken. Weil romantische Maler wie Carl Spitzweg das deutsche Hochmittelalter so verehrten, mussten sie irgendwann auf Rothenburg stoßen. Kritiker nennen die Stadt manchmal ein Mittelalter-Disneyland, weil mancher Bau etwas zu effektvoll renoviert wurde. Aber vor allem Touristen aus Japan und den USA wissen: Auf Europatour führt an Rothenburg kein Weg vorbei.

SEHENSWERTES

BURGGARTEN ✿

Zwischen Hecken und Sandsteinfiguren spazieren und durch die alten Bäume hindurch den herrlichen Blick ins Taubertal genießen – der Burggarten verdankt seinen Platz einem Erdbeben 1356, das eine Burg der Staufer zerstörte, die an dieser Stelle stand. Nur die Blasiuskapelle blieb erhalten.

HISTORIENGEWÖLBE

Hellebarden, Waffen und Möbel erinnern im Historiengewölbe im Rathaus an die Zeit des Dreißigjährigen Kriegs, als Bürgermeister Georg Nusch die Stadt durch den „Meistertrunk" (3,5 l Wein auf einen Zug) vor der Brandschatzung durch die Kaiserlichen rettete. Daran erinnert alljährlich im April die Aufführung des Stücks „Der Meistertrunk". Im **Verlies** darunter wurde der Bürgermeister Heinrich Toppler (1340–1408) ermordet. Er hatte großen Anteil an der heutigen Gestalt der Stadt, wurde aber Opfer einer Intrige. *März–April tgl. 10–16, Mai–Okt. Mo–Fr 9.30 bis 17.30, Sa/So 10–16 Uhr | Eintritt 2 Euro | Rathaus, Lichthof*

MITTELALTERLICHES KRIMINALMUSEUM

Schaurige Instrumente wie die Halsgeige, der Pranger oder der Käfig für die Bäckertaufe sind sicher der Gruselclou. Aber das Museum zeigt auch, mit wie viel Spaß am Design im Mittelalter Siegel fälschungssicher gemacht wurden. *April–Okt. tgl. 9.30–18, Nov., Jan./Feb. 14–16, Dez. und März 10–16 Uhr | Eintritt 3,80 Euro | Burggasse 3–5 | www.kriminalmuseum.rothenburg.de*

PLÖNLEIN

Stellen Sie sich unter das Schild vom Goldenen Hirschen, und schauen Sie auf den Sieberturm und das Kobolzeller Tor (1360): Das Plönlein – der kleine Platz – ist der vielleicht schönste Platz in Rothenburg ob der Tauber.

ST.-JAKOBS-KIRCHE

Steil ragt die gotische Kirche (15. Jh.) mit ihren beiden unterschiedlich hohen Türmen aus dem Dächermeer. In der Westempore sehen Sie den *Heilig-Blut-Altar* (1502), ein Hauptwerk Tilman Riemenschneiders. Einzigartig,

![Nicht nur bei Japanern ein beliebtes Fotomotiv: das Rothenburger Rathaus mit dem Georgsturm](image)

Nicht nur bei Japanern ein beliebtes Fotomotiv: das Rothenburger Rathaus mit dem Georgsturm

RATHAUS

Rothenburgs Rathaus vor dem Georgsbrunnen besteht eigentlich aus zwei Rathäusern: dem sandsteinfarbenen Renaissanceteil und dem weißen, gotischen Teil mit dem beeindruckenden Kaisersaal und dem 60 m hohen ❈ Turm. Die reizvolle Aussicht auf die Herrengasse führt bis in die Wälder Rothenburgs. *Turm: April bis Okt. tgl. 9.30–12.30, 13–17, Dez. 10–12.30, 13–17, Nov., Jan.–März Sa/So 12–15 Uhr | Eintritt 2 Euro*

wie der Künstler das Licht über die drei Flügel lenkt! Vor allem im zentralen Abendmahl lässt Riemenschneider die Hände der Apostel sprechen. *Jan.–März, Nov. tgl. 10–12 u. 14–16, April–Okt. 9–17.15, Dez. 10–16.45 Uhr | www.rothenburgtauber-evangelisch.de | Eintritt 2 Euro*

▮ ESSEN & TRINKEN ▮

HÖLL

Rothenburgs ältestes Haus (10. Jh.) war im Mittelalter eine Trinkstube, heute ist darin ein Restaurant, in dem Sie auf alten Holzstühlen im Gewölbekeller Bratwurst mit Kraut oder Lammkotelett serviert bekommen. *Jan./Feb. So geschl., sonst tgl. | Burggasse 8 | Tel. 09861/42 29 | www.hoell.rothenburg.de | €–€€*

REICHSKÜCHENMEISTER
Hier werden unter einer schweren, alten Holzdecke fränkische Klassiker wie Sauerbraten oder Karpfen serviert, im Gewölbekeller befindet sich die kleinste Weinstube der Stadt, das *Löchle* (maximal sechs Pers., mindestens vier Wochen vorbestellen!). Auch Hotel *(45 Zi.). Jan.–März Mo/Di geschl., sonst tgl. | Kirchplatz 8 | Tel. 09861/97 00 | www.reichskuechenmeister.de | €€*

■ EINKAUFEN
WEIHNACHTSDORF BEI KÄTHE WOHLFAHRT
Wenn Sie am Termin selbst keine Zeit haben: Hier ist das ganze Jahr über Weihnachten. *Herrngasse 1 | www.wohlfahrt.com*

■ ÜBERNACHTEN
KLOSTERSTÜBLE 🔊
Unter alten Holzdecken, inmitten freigelegten Fachwerks wird Mittelalter mit modernem Komfort kombiniert, z. T. frisch renoviert *(€€€). 21 Zi. | Heringsbronnengasse 5 | Tel. 09861/67 74 | www.klosterstueble.de | €–€€€*

MITTERMEIER 🔊
Die Zimmer in warmen Farben sind romantisch möbliert, teilweise haben sie einen eigenen Balkon *(€€€). 27 Zi. | Vorm Würzburger Tor 9 | Tel.* 09861/945 40 | *www.mittermeier.rothenburg.de | €–€€€*

WALDGASTHOF WACHSENBERG
Romantisch zugewachsenes Fachwerkhaus mit Biergarten und Wellnessangeboten. Die gemütlichen Zimmer haben viele Fenster mit Blick ins Grüne. *6 Zi. | Wachsenberg 24, Neusitz | Tel. 09861/33 00 | www.waldgasthof-wachsenberg.de | €*

■ FREIZEIT & SPORT
BALLOONING
Bei schönem Wetter abheben und das Mittelalter per Ballon erleben. Der Blick auf Rothenburg ist spannend, aber nicht billig *(ab 180 Euro, 3–4 Std.). Georg Reifferscheid | Spitalgasse 19 | Tel. 09861/878 88 | www.happy-ballooning.de*

FRANKEN-FREIZEITBAD
Frei- und Hallenbad mit Wasserrutsche, Sauna und Solarium. *Nördlinger Str. 20 | www.rothenburg.de*

■ AM ABEND
FIGURENTHEATER AM BURGTOR
Die Zauberflöte, Max und Moritz und vieles mehr als Puppenspiel. *Herrngasse 38 | Tel. 09861/33 33 | www.figurentheater-rothenburg.com*

RAPPENSCHMIEDE
Kneipe mit regelmäßigen Livekonzerten. *Mi–Sa abends | Vorm Würzburger Tor 6 | www.rappenschmie.de*

■ AUSKUNFT
ROTHENBURG TOURISMUS SERVICE
Marktplatz 22, 91541 Rothenburg ob der Tauber | Tel. 09861/40 48 00 | www.rothenburg.de

■ ZIEL IN DER UMGEBUNG ■

FEUCHTWANGEN [125 D4]

Rings um den weiten *Marktplatz* der Stadt (12 200 Ew., 45 km) stehen ausnahmslos Musterbeispiele Fränkischen Fachwerks. Der Balkenschmuck zeigt das typische Andreaskreuz und den Wilden Mann. Wegen dieser Ansicht heißt die Stadt auch „Festsaal Frankens". In der *Stiftskirche* (12. Jh.) mit ihren beiden verschieden hohen Türmen gibt es einen *Marienaltar* (1483) von Dürers Lehrer Michael Wolgemut (1434–1519). Direkt daneben finden an den Ruinen eines romanischen Kreuzgangs alljährlich die berühmten *Kreuzgangfestspiele* unter freiem Himmel statt *(Juni–Aug.)*. Im Kreuzgang sind auch die *Handwerkerstuben* mit originalgetreu eingerichteten Werkstätten von Färbern, Webern und Zuckerbäckern zu besichtigen *(April–Sept. So 14–15.30 Uhr od. n. V. | Eintritt 1 Euro, mit Führung 7,50 Euro | Am Marktplatz 3 | Tel. 09852/904 55 | www.feuchtwangen.de)*. Über 700 Fayencen zeigt das *Fränkische Museum,* außerdem eine Ausstellung mit persönlichen Gegenständen, darunter Liebesbriefe quer durch die Jahrhunderte. Beeindruckend sind auch die historischen Instrumente aus einer Hebammenausrüstung. *(März–April, Okt.–Dez. Mi–So 14–17, Mai bis Sept. 11–17 Uhr | Eintritt 3 Euro | Museumsstr.19 | www.fraenkisches-museum.de)*. Eines der schönsten Häuser ist das roséfarbene *Romantikhotel Greifen-Post* (seit 1369). Die luxuriösen Zimmer sind historisch eingerichtet. Schwimmbad *(40 Zi. | Marktplatz 8 | Tel. 09852/68 00 | www.hotel-greifen.de | €€€)*.

Auch von außen sehenswert: das Fränkische Museum in Feuchtwangen

> WEINBERGE, BAROCKPERLEN UND BLAUE BERGE

In Unterfranken verbinden sich Kultur und Lebensfreude in traumhafter Landschaft

> **Unterfranken vereint zwei reizvolle Gegensätze: den warmen Süden, zwischen dessen Weinbergen der Main malerisch seine Schleifen legt. Und den kühleren, waldreichen Norden mit seinen Mittelgebirgen Spessart und Rhön.**

Besonders rau ist die Landschaft im Nordosten, um die Hochmoore auf den Höhenzügen herum liegt auf weiten Strecken kein einziges Dorf. Hier können Sie Wandertouren genießen, vorbei an eindrucksvollen Natur-denkmälern. Und dank zahlreicher bewirtschafteter Berghütten brauchen Sie nicht viel Gepäck. Der Süden ist die perfekte Kulisse für lange Spaziergänge und Radtouren, auf denen Sie sich in die vielen verträumten Weinnester verlieben werden. Die Metropole ist Würzburg. Von dort aus herrschte eine tausendjährige Ahnenreihe von Fürstbischöfen über ein Gebiet, das im Wesentlichen dem heutigen Unterfranken entspricht.

Bild: Pompejanum mit Schloss Johannisburg in Aschaffenburg

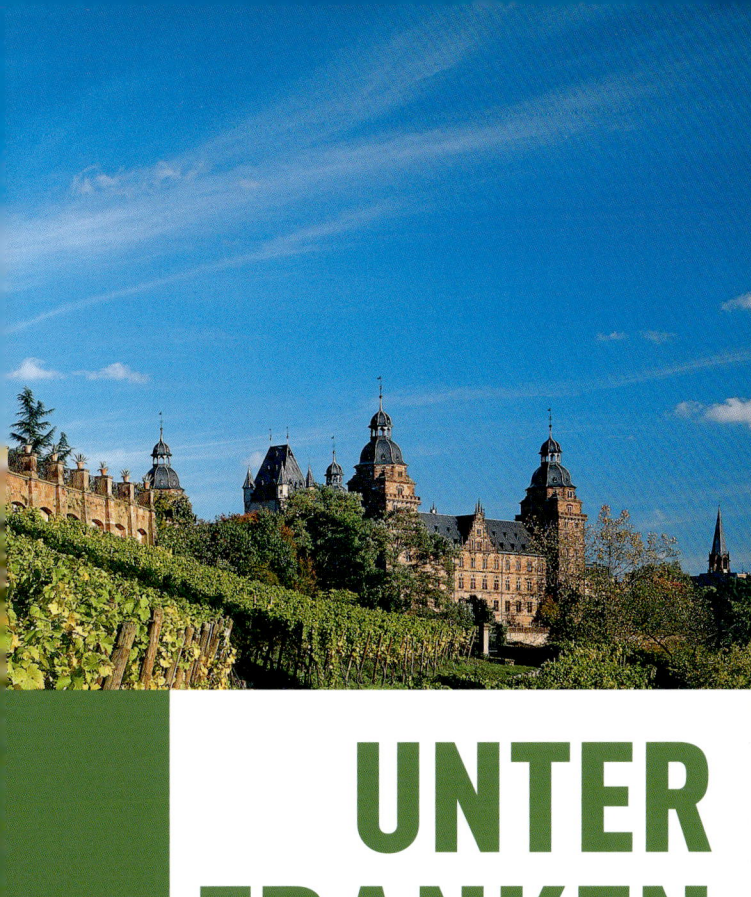

UNTER FRANKEN

ASCHAFFEN-BURG

[118 C3]   **Ludwig I. von Bayern nannte Aschaffenburg (69 000 Ew.) „mein bayrisches Nizza".** Damit meinte er wohl den Blick aufs Pompejanum, auf den Garten drum herum und auf Schloss Johannisburg. Heute ist Aschaffenburg eine moderne Industrie- und Arbeiterstadt, besitzt aber viele kleine Schätze. Um die Kleine Metzgergasse hat mitten in der Stadt ein reizvolles Fachwerkviertel überlebt. Da sind auch die Bauten und Parks der Mainzer Fürstbischöfe, die hier ihren Zweitwohnsitz hatten. Und da ist die höchste Kneipendichte Deutschlands, die in der Innenstadt lange Nächte verspricht. Über 700 Geschäfte machen Aschaffenburg zu einer riesigen Einkaufspassage. Vor allem aber treffen hier Regionen und

Mentalitäten aufeinander. Als westlichste Stadt Frankens ragt Aschaffenburg weit nach Hessen.

PARK SCHÖNBUSCH
Eigentlich ist das, was sich da im Stadtteil Nilkheim an den Mainbogen schmiegt, kein Park, sondern ein

hen. Das Pompejanum, von 1843 bis 1848 auf dem Weinberg bei Schloss Johannisburg errichtet, ist ein nachgebautes Idealbild. So stellte sich Bauherr König Ludwig I. von Bayern die Villen im römischen Pompeji vor, dessen Entdeckung 1840 ihn inspiriert hatte. Mandelbäume und Weinranken davor, Bodenmosaike und

Die Abendsonne bringt die Sandsteinfassade von Schloss Johannisburg zum Glühen

Landschaftstheater mit künstlichen Seen, Bächen, der Roten Brücke, dem Freundschaftstempel und einem künstlichen Dörfchen. Die Krönung: *Schloss Schönbusch,* dessen klassizistische Fassade unter den hohen, alten Bäumen hervorschaut. Die Mainzer Erzbischöfe legten den Park Ende des 18. Jhs. im alten Wildgehege an.

POMPEJANUM
Die Villa und der Garten davor könnten so auch in der Nähe von Rom ste-

Wandmalereien im Innern – für die hier ausgestellten antiken Kunstwerke, die aus dem Fundus der Bayerischen Schlösserverwaltung stammen, könnte das Umfeld nicht passender sein. *April–Mitte Okt. Di–So 9–18 Uhr | Eintritt (inkl. Schlossmuseum) 6 Euro*

SCHLOSS JOHANNISBURG
Die Harmonie der Größenverhältnisse macht Schloss Johannisburg zum Lehrbeispiel der Renaissancear-

chitektur. Wenn die Sonne auf den rötlichen Sandstein fällt, scheint die Schlossfassade (1614) zu glühen. Das *Schlossmuseum* zeigt neben den Räumen der Mainzer Erzbischöfe, deren Nebenresidenz Aschaffenburg war, die bedeutendste Sammlung von Gemälden Lucas Cranachs d. Ä. (1472–1553). Außerdem ist hier die *weltweit größte Sammlung von Korkmodellen antiker Gebäude*, die der Hofkonditor Carl May um 1792 schuf. Besonders eindrucksvoll wirkt der Nachbau des römischen Kolosseums. *April–Sept. Di–So 9–18, Okt. bis März Di–So 10–16 Uhr | Eintritt 4 Euro | Schlossplatz 4 | www.museen-aschaffenburg.de*

ESSEN & TRINKEN

WIRTSHAUS ZUM FEGERER

Das gemütliche Fachwerkhaus hat einen tollen Gewölbekeller und einen schönen Innenhof. Unter Eichenbalken serviert man feine Vorspeisen und Deftiges wie Bauernente. *Tgl. | Schlossgasse 14 | Tel. 06021/156 46 | www.fegerer.de | €–€€*

ZEUGHAUS

Gartenlokal mit schattigen Bäumen. Hier spürt man die Nähe zu Hessen – es gibt Äppelwoi und Handkäs mit Musik. *Variable Ruhetage | Bismarckallee 5 | Tel. 06021/918 51 | €*

EINKAUFEN

EDELBRENNEREI A. J. DIRKER

Etwa 20 km vom Zentrum entfernt finden Sie das Beste, was man aus Streuobst machen kann. Probieren Sie unbedingt den Haselnussgeist. Beim Schaubrennen zeigt der Chef, wie man Obstbrände macht. *Mi geschl. | Alzenauer Str. 108 | Mömbris-Niedersteinbach | Tel. 06029/77 11 | www.dirker.de*

ÜBERNACHTEN

ZUM GOLDENEN OCHSEN

Das Hotel in Schlossnähe bietet moderne Zimmer mit viel poliertem Holz. Restaurant. *38 Zi. | Karlstr. 16 | Tel. 06021/231 32 | www.zumgoldenenochsen.de | €–€€*

HOTEL POST

Fünf Minuten zu Fuß vom Hauptbahnhof liegt das elegante Hotel. Die geschmackvoll eingerichteten Zimmer haben allen Komfort, es gibt ein eigenes Hallenbad. *61 Zi. | Goldbacher Str. 19–21 | Tel. 06021/33 40 | www.post-ab.de | €€*

MARCO POLO HIGHLIGHTS

⭐ Residenz
Das Weltkulturerbe mitten in Würzburg steht in einer Reihe mit Versailles und Schloss Schönbrunn (Seite 66)

⭐ Mainfränkisches Museum
Die größte Riemenschneider-Sammlung der Welt befindet sich in Würzburg (Seite 65)

⭐ Veitshöchheim
300 Skulpturen und viele Brunnen im Rokokogarten vor dem Lustschloss des Fürstbischofs (Seite 74)

⭐ Wildpark Bad Mergentheim
Heimische Tiere und sogar ein Wolfsrudel werden hier gezeigt und erklärt (Seite 71)

ASCHAFFENBURG

■ FREIZEIT & SPORT ■

MAINPARKSEE
Zwei Badestrände, 800 m Sandstrand, Badminton, Beachvolleyball und einen Abenteuerwald finden Sie am Ortsrand des 5 km entfernten Mainaschaff.

■ AM ABEND ■

HOFGARTEN-KABARETT
Der Fernsehkomiker Urban Priol hat regelmäßig Stars der komischen Branche wie Wiglaf Droste, Gerhard Polt oder Mundstuhl auf der Bühne. Spitzenkabarettisten wechseln sich mit aktuellen Musikensembles ab. *Hofgartenstr. 1 A | Tel. 06021/ 20 04 55 | www.hofgarten-kabarett.de*

ZUM SCHLAPPESEPPEL
Im Schankraum der ältesten Kneipe der Stadt trifft alles aufeinander – vom Arbeiter bis zum Millionär. *Schlossgasse 28 | Tel. 06021/255 31*

■ AUSKUNFT ■

TOURIST-INFORMATION
Schlossplatz 1, 63739 Aschaffenburg | Tel. 06021/39 58 00 | www.info-aschaffenburg.de

■ ZIELE IN DER UMGEBUNG ■

AMORBACH   [118 C5]
Ein architektonisches Schmuckkästchen inmitten von Laubwäldern: Amorbachs (4100 Ew., 45 km) Kopfsteinpflaster und Fachwerkhäuser harmonieren besonders schön, Hingucker aber ist die lange Front des ehemaligen *Benediktinerklosters,* die seitlich von der roten Sandsteinfassade der Abteikirche gekrönt wird. Im Inneren schwungvoller Stuck und ein Meisterstück barocker Orgelbaukunst: Mit über 5000 Pfeifen streckt sich die wegen ihres Klangreichtums berühmte *Amorbacher Orgel* ins Gewölbe. In der Nähe des Marktplatzes steht das *Fürstlich-Leiningensche Palais* im klassizistischen Stil. Außen rot, innen verrückt – so präsentiert sich das witzige Museum für Kunst, die ==Sammlung Berger,== die neben allerlei Skurrilem auf eine Sammlung von fast 2500 Teekannen und ungewöhnliche Särge zeigt *(April–Okt. Do–So 11–17.30 Uhr oder nach Vereinbarung | Eintritt 3,90 Euro | Wolkmannstr. 2 | www.amorbach-mutter.de).* Im Stadtteil *Beuchen* begegnen sich Asien und Franken: Das ==Gasthaus zum Brandweiher== serviert Odenwaldspezialitäten, aber auch exzellente thailändische gebratene Ente *(Di geschl. | Beuchenstr. 6 | Tel. 09373/17 22 | www.amorbachpension-brandweiher.de | €). www.amorbach.de*

Insider Tipp

Insider Tipp

LOHR   [119 E3]
Wenn man die Lohrer (16 500 Ew., 38 km) nach der berühmtesten Einwohnerin fragt, fällt der Name Schneewittchen. Die Lohrer sind nämlich überzeugt, dass das Märchenwesen identisch ist mit einem in Lohr 1726 geborenen Freifräulein von Erthal. Märchenhaft genug wäre die verwinkelte Fachwerkstadt am Main auf jeden Fall. Rote Buntsandsteinsockel und prächtige Fachwerkfassaden prägen das Bild. Das *Spessartmuseum* im ehemaligen Stammschloss der Herren von Rieneck zeigt die Ausstellung *Mensch und Wald* mit historischen Brennöfen und altem Werkzeug für die aufwendige Glasherstellung *(Di–Sa 10–16, So*

10–17 Uhr | Eintritt 2,50 Euro | Schlossplatz 1 | Tel. 09352/20 61 | *www.spessartmuseum.de).* Etwa 6 km außerhalb lädt der smaragdgrüne *Sindersbachsee* zum Baden ein *(B26 Richtung Gemünden, nach Neuendorf nach Ruppertshütten).* Nach 2 km kommt rechts der Parkplatz. 12 km außerhalb im *Schlosshotel Rothenbuch* arrangiert man ritterliche Raubüberfälle für die Gäste, die exzellente Küche verwöhnt mit Ritteressen. Die Räume sind mit Antiquitäten ausgestattet *(39 Zi. | B 26 Richtung Aschaffenburg, nach 10 km links nach Rothenbuch | Tel. 06094/94 40 | www.schlosshotel-rothenbuch.de | €–€€€). www.lohr.de*

MILTENBERG [119 D5]

In Miltenberg (9500 Ew., 40 km) sieht man vor lauter Fachwerk den Putz dazwischen kaum noch. Viele halten die schmale, lange Altstadt für eine der schönsten Fachwerkstädte überhaupt. Neben Balkenmustern prägt roter Sandstein das Bild. Im *Schnatterloch* gruppieren sich besonders schöne Häuser um den Brunnen. Die Stadt liegt eingezwängt zwischen Main und dem Höhenzug mit der weithin sichtbaren ❈ *Mildenburg* (12. Jh.). Mehrmals zerstört, steht heute nur noch eine Ruine *(Mai–Okt. Di–Fr 14–17.30, Sa/So 13–17.30 Uhr | Eintritt 1 Euro).* In der Altstadtmitte befindet sich das

Fachwerk in allen Variationen bietet die Altstadt Miltenbergs

ASCHAFFENBURG

historische *Gasthaus zum Riesen* (12. Jh.). In den weiten Gewölben des Fachwerkbaus wird Deftiges wie Schweinebraten mit Klößen geboten *(Tgl. | Hauptstr. 219 | Tel. 09371/ 98 99 48 | www.riesen-miltenberg.de | €–€€). www.stadt-miltenberg.de*

NATURPARK BAYERISCHER SPESSART [118–119 C–E2–3]

Im größten zusammenhängenden Mischwaldgebiet Deutschlands trieben sich jahrhundertelang Wilderer und Wegelagerer herum, das berühmte Märchen *Das Wirtshaus im Spessart* spielt darauf an. Statt auf Räuber trifft man heute auf den seltenen Biber, den Siebenschläfer oder die Flussperlmuschel. Der Naturpark hat ein gut markiertes Rundwanderwegsystem. In den Orten im und rings um den Naturpark fallen die roten Sandsteinfassaden der Gebäude auf: Die charakteristische Farbe stammt vom Buntsandstein, der hier jahrhundertelang abgebaut wurde *(Naturpark Spessart Infozentrum | Frankfurter Str. 2, Gemünden am Main | Tel. 09353/79 33 66 | www. naturpark-spessart.de).*

Etwa 20 km von Aschaffenburg entfernt liegt der *Wildpark Heigenbrücken.* Auf 10 ha sehen Sie Rehe, Hirsche und Wildschweine, gibt es ein Streichelgehege, eine Matschanlage mit Wasserfall und Grillplätze. Gut essen können Sie in *Denk's Bergcafe (B26 20 km Richtung Lohr, links nach Heigenbrücken abbiegen, ab Ortsmitte ausgeschildert, Di geschl. | Im Bächlesgrund | Tel. 06020/971 00 | www.denks-bergcafe.de | €).* Direkt am Wildpark ist auch der *Kletterwald Spessart,* wo Sie mit der Hilfe eines Trainers Höhen bis zu 15 m erklimmen können *(Sa/So 9 Uhr bis Sonnenuntergang, Mo–Fr 13 Uhr bis Sonnenuntergang | Eintritt ab 11 Euro).*

Durch den Bad Kissinger Kurpark wandelten schon Kaiserin Sisi und Otto von Bismarck

BAD KISSINGEN

[120 B3] Klassizistische Villen, Rosengärten, Kolonnaden, ein prächtiges Festspielhaus und ein Landschaftspark entlang der Saale – dass Bad Kissingen (22 000 Ew.) ein Kurbad mit Weltruf war, sieht man sofort. Ob Kaiserin Sisi, Fürst Otto von Bismarck oder der europäische Hochadel – regelmäßiges Kuren am Fuß der Rhön war in den feinen Kreisen Pflicht. Die großartige Architektur und die Gestaltung der Landschaft haben das 19. Jh. überlebt, nicht aber der alte Nimbus. Da die Krankenkassen Kuren nicht mehr ohne Weiteres genehmigen, ist das Bayerische Staatsbad seit den 1990er-Jahren deutlich leerer geworden. Bis 1968 wurde das mineralstoffreiche Wasser nicht nur zu Kurzwecken getrunken, sondern man hat auch Salz daraus gewonnen.

■ SEHENSWERTES

BURG BOTENLAUBEN ☼
Die Burgruine ist das Wahrzeichen der Stadt. Im 13. Jh. gehörte sie dem Minnesänger Otto von Botenlauben, im Markgräfler-Krieg (1552) wurde sie zerstört.

GRADIERBAU
Unweit des Museums *Obere Saline* steht ein mächtiges Holzgerüst, in dem Salzwasser über Reisigbündel rinnt. Die salzhaltige Luft tut gut, im Sommer ist es angenehm kühl. Die Idee zur Salzgewinnung wurde hier im 16. Jh. erfunden, heute inhalieren die Gäste hier. *April–Okt. | An der unteren Saline*

KURANLAGEN
Der Arkadenbau im antiken Stil und der Regentenbau mit Sälen und Wandelhalle vermitteln auf einem Spaziergang durch die Kuranlagen das mondäne Flair, das einst Adel und Prominenz in Bad Kissingen genossen. *Tgl. | Eintritt frei, bei Kurkonzerten mit Kurkarte*

MUSEUM OBERE SALINE
Im mehrflügeligen, alten Bau befinden sich ein stadtgeschichtliches Museum und die original hergerichteten *Wohnräume Otto von Bismarcks.* Der Eiserne Kanzler war auch ein eiserner Kurgast: 15 Mal kurte er in Bad Kissingen. *Mi–So 14–17 Uhr | Obere Saline 20 | Eintritt 3 Euro | www.museum-obere-saline.de*

■ ESSEN & TRINKEN

BRASSERIE IM DEUTSCHEN HAUS
Gegenüber dem Landratsamt liegt diese Brasserie etwas versteckt. Hier

serviert man bis Mitternacht gute, warme Küche. *Tgl. | Obere Marktstr. 12 | Tel. 0971/655 72 | €–€€*

RATSKELLER

Im Erdgeschoss des barocken Rathauses gibt es deftigen Rhöner Flammkuchen und Kesselfleischsülze, aber auch Steaks vom Lavastein. Auf dem gepflasterten Vorplatz können Sie im kleinen, hauseigenen Biergarten das Leben der Kurstadt an sich vorbeiziehen lassen. *Tgl. | Rathausplatz 1 | Tel. 0971/600 01 | €–€€*

■ EINKAUFEN ■

MUSIK ZUM STREICHELN

Im Laden von Komponist Johannes R. Köhler kaufen Sie seine sanfte Musik auf CDs, die er mit den Münchner Symphonikern eingespielt hat. Sie soll therapeutische Wirkung haben. *Untere Marktstr. 2 | www.musik-zum-streicheln.de*

■ ÜBERNACHTEN ■

KISSINGER HOF 🔊

Modernes Hotel direkt am Luitpoldpark, die Zimmer sind wohnlich möbliert. Verschiedene Wellnessbehandlungen werden angeboten. *99 Zi. | Bismarckstr. 14–16 | Tel. 0971/92 70 | www.kissinger-hof.de | €–€€*

PRECISE BRISTOL BAD KISSINGEN 🔊

Elegantes Viersternehotel direkt am Rosengarten. Die Zimmer sind behaglich ausgestattet und in schönen Grau-Braunen-Tönen gehalten, im Spa finden Sie Pool und finnische Sauna. *83 Zi. | Bismarckstr. 8–10 | Tel. 0971/82 40 | www.precisehotels.com | €€*

■ FREIZEIT & SPORT ■

DAMPFERLE

Zwei kleine Motorboote unternehmen *Minikreuzfahrten* auf der Saale. Der Anlegesteg ist am Rosengarten. Die Boote fahren Sie zum knapp 4 km entfernten Aschach mit seinem imposanten Jagdschlosss. Dort wird gewendet, schöner ist allerdings, von hier durch die Saale-Auen zurückzuspazieren. *April–Okt. tgl. 10.20–12 u. 14–17.40 Uhr | Sonderfahrten unter Tel. 0971/43 35 | ab 3 Euro*

POSTKUTSCHE

Eine vierspännige Postkutsche (9 Plätze) mit hornblasendem Postillon fährt zwischen 14 und 17.30 Uhr von Bad Kissingen nach Schloss Aschach oder nach Bad Bocklet. Start/Ziel am Telekomgebäude. *Mai–Okt. So/Mo, Mi, Fr nach Bad Bocklet, Di, Do, Sa nach Aschach | 18 Euro*

WILDPARK KLAUSHOF

Auf 35 ha leben hier Hirsche, Mufflons, Waldvögel und Luchse. Schattige Kinderspielplätze. Der bewirtschaftete *Klaushof* liegt auf der Poppenrother Höhe über Bad Kissingen. *April–Okt. tgl. 9–18, im Winter bis 17 Uhr | Eintritt 2 Euro | Alte Brückenauer Str. | www.badkissingen.de*

■ AM ABEND ■

WEINSTUBE HOFMANN

Gemütliches Weinlokal in der Altstadt. *Weingasse 4 | Tel. 0971/26 19 | €*

■ AUSKUNFT ■

KUR- UND TOURIST-INFORMATION

Am Kurgarten 1, 97688 Bad Kissingen | Tel. 0971/804 80 | www.badkissingen.de

UNTERFRANKEN

ZIELE IN DER UMGEBUNG

BIOSPHÄRENRESERVAT BAYERISCHE RHÖN **[120 B–C1–3]**

Von den Höhenzügen aus haben Sie einen fantastischen Rundblick. „Land der offenen Fernen“ nennt sich die im Nordosten Unterfrankens gelegene Rhön. Und das zu Recht. Die Aussicht reicht von Bayern nach Hessen und Thüringen. Auf dem *Kreuzberg*, dem „Heiligen Berg der Franken“, liegt das für sein besonders süffiges Bier berühmte *Franziskanerkloster Kreuzberg*. Wildromantisch essen und schlafen können Sie im *Jagdschloss Holzberghof*. Folgen Sie der B279 bei Bischofsheim 5 km in den Wald, ab da beschildert. Es gibt im ritterlichen Gewölbe keinen Strom, Sie essen bei Kerzenschein Gutbürgerliches von Schwein und Rind *(20 Zi., 3 Ferienwohnungen | Dez.–März geschl. | Bischofsheim | Tel. 09772/12 07 | www.holzberghof.de | €–€€). Infos: Naturpark und Biosphärenreservat Bayerische Rhön | Oberwaldbehrunger Str. 4, Oberelsbach | Tel. 09774/91 02 50 | www.naturpark-rhoen.de, www.brrhoen.de*

KÖNIGSBERG **[121 D–E4]**

Hier müssen Sie aussteigen! In dem kleinen Städtchen (3700 Ew., 57 km) am Rand des Naturparks Hassberge scheint die Zeit stehen geblieben zu sein. Gewölbtes Kopfsteinpflaster auf gewundenen Straßen und gedrungene, windschiefe Fachwerkhäuser mit Rosenbüschen davor machen Königsberg zum unterfränkischen Rothenburg. Vor allem der *Salzmarkt* ist ein in sich geschlossenes Fachwerkkunstwerk. Wenn Sie hier übernachten – dann natürlich inmitten von Fachwerk: Das Hotel *Goldner Stern* bietet 15 hübsche, moderne Zimmer *(Am Marktplatz 6 | Tel. 09525/922 10 | www.goldnerstern.com | €). www.koenigsberg.de*

NATURPARK HASSBERGE **[121 E–F3–4]**

In den ruhigen Hassbergen warten reizvolle Fachwerkstädtchen, Mischwälder, Wiesengründe und Bäche darauf, entdeckt zu werden, aber auch

Fränkisches Idyll in den Hassbergen

alte Burgen und Schlösser. Über ein Drittel der ehemaligen Ritter- und Adelssitze Unterfrankens liegen hier. Wandern Sie rund um die 3 km von Hofheim entfernte Bettenburg. In dem romantischen Landschaftspark sind wunderschöne Bauten, darunter die Altenburg, eine künstliche Ruine, der Minnesängerplatz und Denkmäler für Götz von Berlichingen und Ulrich von Hutten auf einem 1,1 km langen Weg anzuschauen. Von Hofheim Richtung Manau, nach bewaldeter Steigung links. *Naturpark Hassberge | Am Herrenhof 1, Hassfurt | www.naturpark-hassberge.de*

SCHWEINFURT [120 C4]

Die ehemalige Freie Reichsstadt (53 800 Ew., 24 km) wird heute von der Kugellagerindustrie geprägt. Bekannt ist Schweinfurt unter Naturwissenschaftlern für die weltweit berühmte *Leopoldina-Akademie,* der zahlreiche Nobelpreisträger angehören. Übernachten lohnt sich zwar nicht, aber in der kleinen Altstadt können Sie v. a. bei Kleidung so manches Schnäppchen machen. Vor dem neogotischen Rathaus ist mehrmals wöchentlich *Bauernmarkt (Termine: www.schweinfurtserver.de).* Stärken Sie sich in den Markthallen, die bunten Stände bieten ein großes Angebot. Der nüchtern-moderne Quader des *Museums Georg Schäfer* hat die größte Sammlung von Gemälden Carl Spitzwegs (1808–1885). Hier hängen auch zahlreiche Werke von Caspar David Friedrich *(Di–So 10–17, Do 10–21, Sa 10–20 Uhr | Eintritt 7 Euro | Brückenstr. 20 | www. museumgeorgschaefer.de). www. schweinfurt.de*

WÜRZBURG

 KARTE AUF SEITE 128

[120 B5–6] Um zwölf Uhr mittags in der Altstadt, wenn die Glocken der Klöster, Kapellen, Stiftskirchen und des Doms gleichzeitig läuten – spätestens dann weiß jeder, dass er sich in Würzburg (130 000 Ew.), der lebenslustigen Metropole des mainfränkischen Katholizismus, befindet. Wie südländisch turbulent es hier zugeht, zeigen unzählige Kneipen, Restaurants, schicke Boutiquen und der Bauernmarkt. Fast alles ist zwischen den vielen sakralen Bauten gebündelt. Wie viele Türme es im 1300 Jahre alten Würzburg tatsächlich gibt, ist auch von der trutzigen Festung Marienberg kaum auszumachen. Der Main, die zum Teil weltberühmten Bauten der fürstbischöflichen Residenzstadt und vor allem die 20 000 Schüler und Studenten – all das prägt das quirlige Leben in der Stadt.

◼ SEHENSWERTES

ALTE MAINBRÜCKE

Mit ihren acht weiten Steinbögen verbindet die älteste Brücke Würzburgs (11. Jh.) das Festungsviertel mit der Altstadt. Unter den zwölf überlebensgroßen Heiligenskulpturen, die die Brücke rechts und links flankieren, sind die drei Frankenmärtyrer Kilian, Kolonat, Totnan und andere Heilige mit fränkischem Hintergrund.

DOM ST. KILIAN

Die viertürmige, romanische Basilika (12. Jh.) sieht von außen fast schmal und unscheinbar aus. Ganz anders innen. Der Altarraum mit seinem leuchtenden Stuck und den Putten wirkt riesig. Das Langschiff erscheint dagegen beinahe nüchtern. Im Zweiten Weltkrieg völlig zerstört, wurde es beim Wiederaufbau kühlmodern gestaltet. Entlang der Stützpfeiler befinden sich die Grabmäler von Fürstbischöfen und Domherren. Rechts vom Hochaltar stechen zwei polierte rote Granitwerke von Tilman Riemenschneider heraus. Zwischen ihrer Entstehung liegen Jahrzehnte, weswegen der Stil des Meisters sich deutlich verändert hat und bei dem späteren Werk schon Renaissancezüge trägt.

FESTUNG MARIENBERG

Mit den hohen, kantigen Mauern und Türmen wirkt die Festung Marienberg (ab 7. Jh.) uneinnehmbar. Sie ist der Logenplatz schlechthin auf die Altstadt, von der sie der breit fließende Main trennt. Im Kommandantenbau ist das ★ *Mainfränkische Museum* untergebracht, das neben fränkischer Kunst und Geschichte mit 81 Skulpturen die größte Tilman-Riemenschneider-Sammlung zeigt. Im *Fürstenbau-Museum* daneben beeindruckt ein riesiges Holzmodell der 1945 zerstörten Stadt. Die Festung war bis zum Umzug der Fürstbischöfe in die Residenz der Herrschaftssitz. *April–Okt. Di–So 10–17, Nov.–März 10–16 Uhr | Eintritt 3 Euro | www.mainfraenkisches-museum.de*

KÄPPELE

Auf dem Nikolausberg rechts vom Marienberg leuchtet aus dichtem Grün die grazile Rokokoantwort auf

Der heilige Kilian ist einer der zwölf Brückenheiligen, die die Alte Mainbrücke säumen

die kantige Festung daneben. Zum Käppele (1748) mit den schlanken Zwiebeltürmchen und dem gelb-weißen Fassadenschmuck führt der stufenreiche Kreuzweg unterhalb der Kirche *(Zugang ab der Nikolausstraße ausgeschildert)*. Im Inneren der Kapelle beeindrucken üppig in Stuck gefasste Malereien und reich verzierte Kirchenbänke. Offiziell heißt die 1748 von Balthasar Neumann gebaute Kirche zwar Wallfahrtskirche Mariä Heimsuchung, aber selbst auf den amtlichen Straßenschildern wird sie fränkisch-herzlich Käppele genannt.

>LOW BUDGET

> Sechs der wichtigsten Museen der Rhön haben sich zusammengeschlossen. Für nur 14,50 Euro können Sie mit der Verbundkarte folgende Sammlungen besichtigen: Bismarck-Museum (Bad Kissingen), Archäologisches Museum (Bad Königshofen), Schloss Aschach und seine Museen, Fränkisches Freilandmuseum (Fladungen), Stadtmuseum Herrenmühle (Hammelburg), Orgelbaumuseum Schloss Hanstein (Ostheim). *Die Karte gibt es bei jedem der Museen, Tel. 0971/730 18 50, www.museen-rhoen-saale.de*

> Übernachtung für unter 20 Euro bietet das *Babelfish-Hostel* in Würzburg. Tee, Kaffee und Internet sind umsonst. Die Einrichtung ist recht spartanisch, ideal für genügsame Rucksacktouristen. *9 Zi. mit insgesamt 50 Betten | Bahnhofsnähe, Prymstr. 3 | Tel. 0931/304 04 30 | www.babel fish-hostel.de*

LUSAMGARTEN

Genau im Rücken des Neumünsters führt ein Torbogen in einen stillen Innenhof mit Bäumen und Efeu. Ein großer, weißer Steinsarkophag birgt die Gebeine des Minnesängers Walther von der Vogelweide (1170 bis 1230). Wundern Sie sich nicht, wenn Sie hier Liebespaare sehen, die sich über der Steinplatte küssen: Walther war immerhin Schöpfer des berühmtesten Liebesgedichts des Mittelalters: *„Du bist min, ich bin din ..."*

MARIENKAPELLE

Sie sieht ein bisschen aus, als hätte ein riesiger gotischer Zuckerbäcker seine Hände im Spiel gehabt. Die Marienkapelle (15. Jh.) am Marktplatz ist durch das Rot von Turm, Pfeilern und gotischem Zierrat und dem kontrastierenden Weiß der hohen Mauern ein Blickfang. Die Skulpturen auf den Pfeilern gelten als die besten der mainfränkischen Kunst des 15. Jhs.

MUSEUM IM KULTURSPEICHER

Hinter der 130 m langen Front des ehemaligen Hafenlagerhauses sind Gemälde aus Romantik, Impressionismus, Expressionismus und zeitgenössischer Kunst zu sehen, ein besonderer Schwerpunkt ist europäische konkrete Kunst nach 1945. *Mi–So 11–18, Di 13–18, Do 11–19 Uhr | Eintritt 3,50 Euro | Veitshöchheimer Str. 5 | www.kulturspeicher.de*

RESIDENZ ★

Trotz der langen Bauzeit von 1720 bis 1780 erscheint der ehrgeizigste Schlossbau des Spätbarock nach Plänen von Balthasar Neumann innen und außen wie aus einem Guss. Deshalb erklärte ihn die Unesco 1983 zum Weltkulturerbe. Die riesige Barockfassade beherrscht den Rücken der Altstadt. Zusammen mit weiteren

geholte Giambattista Tiepolo (1696 bis 1770), wie die Allegorien der damals vier bekannten Erdteile dem Fürstbischof huldigen. Im *Kaisersaal* droht Genickstarre: Maler und Stu-

Gotische Zuckerbäckerarchitektur in Rot und Weiß: die Marienkapelle

Gebäuden, Kolonnaden und Obelisken umschließt sie einen riesigen, gepflasterten (Park-)Platz mit dem *Franconia-Brunnen* darauf. Durch das linke schmiedeeiserne Tor gelangen Sie zu Fuß in den *Hofgarten*. Schöner als die Brunnen und die geschnittenen Buchsbäume sind die vielen kleinen Putten, die in zum Teil erotischen Szenen entlang der Arkaden und der Treppenaufgänge des Gartens stehen. Höhepunkt im Inneren ist das größte Deckenfresko der Welt im *Treppenhaus*. Auf 670 m² malte der eigens aus Venedig dafür

ckateur haben verblüffende optische Täuschungen in die Deckengemälde eingebaut *(Residenz: April–Okt. tgl. 9–18, Nov.–März 10–16.30 Uhr | Eintritt inkl. Führung 5 Euro).*

Die *Hofkirche* (um 1750) im Südwestflügel der Residenz ist leicht zu übersehen, so nahtlos fügt sie sich in deren Fassade ein. Innen ist die Kirche ein Feuerwerk des Barock: Altargemälde von Tiepolo, Stuck, Gold, spiralförmige Säulen und viel Marmor entfalten fürstlichen Pomp. Der fürstbischöfliche Auftraggeber legte Wert darauf, dass die Hofkirche von

WÜRZBURG

Fürstlicher Prunk in der Hofkirche

außen nicht das Gesamtbild stört. Architekt Balthasar Neumann nutzte daher architektonische Tricks, um den unverzichtbaren, aber störenden Kirchturm der Hofkirche diskret verschwinden zu lassen. Von der Theaterstraße aus noch sichtbar, wird er beim Näherkommen immer kleiner, bis er gar nicht mehr zu sehen ist *(Hofkirche: tgl. 10–16.30 Uhr). www.residenz-wuerzburg.de*

SIEBOLD-MUSEUM

Insider Tipp

In der großen Gründerzeitvilla (Ende 19. Jh.) ist der Nachlass des ersten Japanologen ausgestellt: Philipp

Franz von Siebold (1796–1866) gilt als Vater der wissenschaftlichen Erforschung Japans. Sie sehen Kimonos, Rüstungen, Samuraischwerter und ostasiatische Kunst. *Di–Fr 16–17, Sa/So 10–12 u. 15–17 Uhr | Frankfurter Str. 87 | Eintritt 4 Euro*

■ ESSEN & TRINKEN

ALTE MAINMÜHLE ✹

Urgemütliches Restaurant mit rustikalen Gauben. Die Küche bietet auch bei einfachen Gerichten Hervorragendes. Mit etwas Glück hat man einen Tisch mit Festungsblick. Die beiden Terrassen über dem Main sind sehr begehrt. Vorbestellen! *Tgl. | Mainkai 1 | Tel. 0931/167 77 | www.alte-mainmuehle.de | €€–€€€*

RESTAURANT BACKÖFELE

In einem schattigen Innenhof serviert man kunstvoll angerichtete, urfränkische Gerichte. *Tgl. | Ursulinergasse 2 | Tel. 0931/590 59 | www.backoefele.de | €€–€€€*

NIKOLAUSHOF ✹

Oberhalb des Käppele bekommen Sie fränkisch-mediterran inspirierte Menüs und eine traumhafte Aussicht auf die Stadt. *Mo geschl. | Spittelbergweg | Tel. 0931/79 75 00 | www.nikolaushof.org | €€–€€€*

SCHÜTZENHOF ✹

Auf der Terrasse im Schatten der Kastanien sitzen und bei kreativer fränkischer Küche den Blick ins Maintal genießen der Schützenhof ist der schönste Platz dafür. Vorbestellen! *Mo geschl. | Mainleitenweg 48 | Tel. 0931/724 22 | www.schuetzenhof-wuerzburg.de | €–€€*

❯ www.marcopolo.de/franken

UNTERFRANKEN

■ EINKAUFEN

WEINECK JULIUS ECHTER

In der Probierstube finden Sie die ganze Bandbreite des ausgezeichneten Weinguts Juliusspital. *Koellikerstr. 1/2 | Tel. 0931/393 14 04 | www.juliusspital.de*

■ ÜBERNACHTEN

HOTEL FRANZISKANER 🔊

Zentral, aber trotzdem ruhig. Helle, komfortable Zimmer. *38 Zi. | Franziskanerplatz 2 | Tel. 0931/356 30 | www.hotel-franziskaner.de | €*

SCHLOSSHOTEL STEINBURG 🔊 ❄

Mit unvergleichlichem Blick über Würzburg liegt dieser Hoteltraum im Tudorstil auf dem Gipfel von Würzburgs ältester Weinlage. Nachts wird er – wie die Festung gegenüber – angestrahlt. Die Zimmer sind individuell und mit allem Komfort ausgestattet. Schwimmbad und Sauna. *51 Zi. | Am Steinberg, Stadtteil Versbach | Tel. 0931/970 20 | www.steinburg.com | €€–€€€*

HOTEL WÜRZBURGER HOF 🔊

Zentral in der Altstadt gelegen, fällt das Hotel durch die gelbe Barockfront und die Wandmalereien im Foyer auf. Die Zimmer sind barockisiert ausgestattet. *34 Zi. | Barbarossaplatz 2 | Tel. 0931/538 14 | www.hotel-wuerzburgerhof.de | €€*

> BÜCHER & FILME
Grusel der Heimat – in Franken auf Verbrecherjagd

> **Hausers Bruder** – Autor Jan Beinßen lässt seinen Helden, den Nürnberger Fotografen Paul Flemming, gern zufällig in Verbrechen stolpern, etwa in die Geschichte um Kaspar Hauser.

> **Der steinerne Markgraf** – Hobbydetektivin Lotte Askoleit – von Autorin Ines Schäfer mit Zügen von Miss Marple ausgestattet – deckt ein Komplott auf, das sich quer durch Erlangens gute Gesellschaft zieht.

> **Der Fall Urbas** – Philipp Marlein, hartgesottener Privatdetektiv, löst in Fürth einen tragischen Mordfall. Autor Josef Rauch griff dabei auf eine Erzählung des Fürther Literaten Jakob Wassermann (1873–1934) zurück.

> **Das Urteil von Nürnberg** – Richter Dan Haywood führt den Vorsitz bei den Nürnberger Kriegsverbrecherprozessen und begibt sich auf die schwierige Suche nach Recht und Gerechtigkeit (1961, mit Burt Lancaster, Spencer Tracy, Marlene Dietrich, Regie: Stanley Cramer).

> **Lammbock – alles in Handarbeit** – Würzburg ist der Schauplatz dieser Komödie im studentischen Kiffermilieu. Kai (Moritz Bleibtreu) betreibt einen schwunghaften Marihuanahandel. Als seine Hanfplantage von Blattläusen befallen wird, bittet er ausgerechnet einen verdeckten Drogenermittler um Hilfe (2001, Regie: Christian Zübert).

> **Das Sams** – Die bekannte Kinderbuchfigur von Paul Maar ist ein rätselhaftes Wesen: Es ist übersät mit blauen Wunschpunkten, dank deren es Abenteuer in Bambergs Altstadt erlebt (2001, u. a. mit Christine Urspruch, Regie: Ben Verbong).

■ FREIZEIT & SPORT

NAUTILAND-ERLEBNISBAD

Das Erlebnisbad mitten in der Stadt hat Riesenrutsche, Sportbecken, Sauna, Dampfbad und eine Liegewiese. *Mo–Fr 9–22, Sa/So 8–21 Uhr*

■ AM ABEND

MAINFRANKEN-THEATER

Modernes Drei-Sparten-Haus mit traditionellem Programm *(Sept.–Juli). Theaterstr. 21 | Tel. 0931/390 80 | www.theaterwuerzburg.de*

Zwischen beste Lagen schmiegt sich der Weinort Randersacker

| Nigglweg | Eintritt ab 3 Euro | www.erlebnisbad-nautiland.de

RADWEG AM MAIN

Insider Tipp

Direkt unter der Ludwigsbrücke mainaufwärts beginnt zwischen Bäumen ein geteerter Rad- und Spazierweg, der Sie direkt am Main entlang, vorbei an idyllischen Weindörfern wie Randersacker und Sommerhausen, bis ins 18 km entfernte Frickenhausen führt. Entlang der Strecke gibt es viele Möglichkeiten, direkt am Mainufer einzukehren.

ODEON-LOUNGE ▶▶

Kühl-moderne Club-Disko, in der sich die eher gestylte Szene trifft. *Mi–So ab 20.30 Uhr | Augustinerstr. 18 | Eintritt 3 Euro*

OMNIBUS ▶▶

Insi Ti

Sehr gemütlicher Jazzkeller mit wechselnder Livemusik. *Theaterstr. 10 | Tel. 0931/561 21*

SANDERSTRASSE

Der Ort für einen abwechslungsreichen Abend. In der Sanderstraße fin-

> **www.marcopolo.de/franken**

den Sie auf engstem Raum alles von der Szenebar bis zur alternativen Studentenkneipe.

STADTSTRAND ▶▶

Direkt am Mainufer die Füße in den Sand stecken, im Klappstuhl sitzen, coole Drinks schlürfen und den Schönen beim Salsatanzen, den Reichen beim Motoryachtfahren zuschauen. *April–Okt. | Ludwigsbrücke flussaufwärts*

◼ AUSKUNFT ◼

TOURIST-INFORMATION
Haus zum Falken am Markt | Marktgasse 1 | Tel. 0931/37 23 98 | www. wuerzburg.de

◼ ZIELE IN DER UMGEBUNG ◼

BAD MERGENTHEIM [124 A2]

Bad Mergentheim (22 500 Ew., 50 km) wartet am *Marktplatz* mit einer Überraschung auf: mit zwei identisch aussehenden Rokokoamtshäusern (1780), den *Zwillingshäusern*. Unweit davon leuchtet in Weiß das *Deutsche Ordensschloss* mit seinem hufeisenförmigen Innenhof. Es beherbergt eine Sammlung zur Stadtgeschichte und 40 Puppenküchen und -stuben *(April–Okt. Di–So 10.30–17, Nov.–März Di–Sa 14–17, So 10.30 bis 17 Uhr | Eintritt 4,20 Euro | Schlossstr. 16 | www.deutschordens museum.de)*. Etwas außerhalb liegt der ★ *Wildpark Bad Mergentheim (März–Nov. 9–18 Uhr | Eintritt 8 Euro | an der B290 | www.wild tierpark.de)*, den Sie nicht verpassen dürfen: So gut wird einem das Leben der Greifen, Luchse, Wisente und im Wolfsrudel selten erklärt. Daneben wird anschaulich gezeigt, wie man

früher mit Kaltblütern und Ochsen arbeitete. Es gibt Spielplätze und die bewirtschaftete *Jägerstube (€)*. Unter schattigen Walnussbäumen und neben der murmelnden Jagst schlafen Sie im *Hotel-Restaurant Jagstmühle* **Insider Tipp** *(21 Zi. | Jagstmühlenweg 10, Heimhausen | Tel. 07938/903 00 | www. jagstmuehle.de | €–€€)* ruhig unter alten Fachwerkbalken. Das Flüsschen ist toll zum Baden. *www.bad mergentheim.de*

CREGLINGEN [124 B2]

Das mittelalterliche Creglingen (4900 Ew., 43 km) ist v. a. wegen des Marienaltars (1487) von Tilman Riemenschneider (1460–1531) in der *Herrgottskirche* (1 km vor der Stadt) berühmt. Witzig und einzigartig ist aber auch das *Fingerhutmuseum* direkt daneben, wo Sie 4000 Fingerhüte aus Gold, Porzellan oder sogar gehäkelt sehen *(April–Okt. Di–So 10–12.30 u. 14–17, Nov.–März Di bis So 13–16 Uhr | Eintritt 2 Euro | Kohlesmühle 6 | www.fingerhutmuse um.de)*. Übernachten Sie in einem **Insider Tipp** der zwei romantischen Stadtmauertürme. Die Betten stehen in kleinen Nischen (Küche, Bad, WC; Frühstück gibt es im Bistro nebenan. *Je eine Wohnetage für je 6 Pers. | Neue Str. 28 | Tel. 07933/71 95 | www. bistro-am-turm.com | €). www.creg lingen.de*

DETTELBACH [120 C6]

Rund um Dettelbach (7000 Ew., 20 km) mit seinem schönen, gotischen Rathaus liegen in einem Umkreis von 10 km zahlreiche hübsche Weinstädtchen wie Volkach, Rödelsee, Sulzfeld oder Prichsenstadt. Die

Umgebung ist v. a. bei Radfahrern geschätzt. Es ist flach, die vorbildlichen Radwege führen Sie sicher überall hin, und Sie können sogar zweimal eine Mainfähre benutzen. Bei Dettelbach und Nordheim (unmittelbar an der Stadtgrenze liegt der *Fahrer See,* schön zum Baden!) verkehren die letzten Kettenfähren. Wander- und Radwegekarten bei der Touristinformation Volkach *(Marktplatz 1 | Volkach | Tel. 09381/401 12 | www.volkach.de).* In vielen Heckenwirtschaften *(Mai–Okt.)* und kleinen Gasthöfen essen Sie gut und günstig, etwa im Weingut-Restaurant *Glaser-Himmelstoß* mit seinem wunderschönen Innenhof *(Mo/Di geschl. | Bamberger Str. 3 | Dettelbach | Tel. 09324/23 05 | €–€€). www.dettelbach.de*

Insider Tipp *Fahrer See,*

IPHOFEN   [120 C6]

Barock und Rokoko vereinen sich auf dem Marktplatz von Iphofen (4400 Ew., 31 km) vor dem prächtigen *Barockrathaus (1716–1718).* An der Stadtmauer kommen Sie zu dem entzückenden *Rödelseer Tor* (1533 bis 1545), das windschief unterhalb des Schwanbergs liegt. Im *Knauf-Museum (Nähe Marktplatz)* sehen Sie berühmte antike Reliefs – etwa den Stein von Rosette – als exzellente Originalabgüsse *(März–Nov. Di–Sa 10–12 u. 14–17, So 14–18 Uhr | Eintritt 2 Euro | Am Bahnhof 7 | www.knauf-museum.de).* Hinter den repräsentativen Barockmauern des ehemaligen *Fürstbischöflichen Amtshauses* residiert das 🔊 *Romantikhotel Zehntkeller.* Hier schlafen Sie in ruhigen Zimmern mit viel poliertem Holz *(58 Zi. | Bahnhofstr. 12 | Tel. 09323/84 40 | www.zehntkeller.de | €€–€€€). www.iphofen.de*

Insider Tipp *Rödelseer Tor*

OCHSENFURT UND FRICKENHAUSEN   [124 B1]

Ochsenfurts (11 000 Ew., 20 km) gotischen Kern schützt die hohe *Stadtmauer* aus dem 14. Jh. Entlang des inneren Mauerrings entdecken Sie viele kleine Turmhäuschen. Zentral

> DAS RHÖNSCHAF
Ganz Frankreich hatte es zum Fressen gern

Schwarzer Kopf, weiße Beine, keine Hörner – das Rhönschaf ist so putzig, dass es als Comicfigur Rhönhilde das offizielle Maskottchen des Biosphärenreservats Bayerische Rhön geworden ist. Jahrhundertelang war es die einzige Rasse, die dem rauen Klima trotzen konnte. Dass sein Fleisch ganz besonders gut schmeckt, stellte auch Napoleon bei seinem Durchzug durch die Region 1813 fest. Unter dem Namen „Mouton de la reine" wurde es danach tausendfach nach Frankreich exportiert, bis es zu Beginn des 20. Jhs. im Vorfeld des Ersten Weltkriegs einen Importstopp gab. Mangels Absatz wäre diese einzigartige Rasse fast ausgestorben – bis 1984 Landschaftspfleger sich erinnerten, dass das Fleisch nicht nur gut schmeckt, sondern die Schafe auch die Hangwiesen schön kurz halten. Mittlerweile wird Rhönhilde wieder als Delikatesse gehandelt. Infos unter: *www.rhoenerbauernladen.de*

liegt das *Neue Rathaus* (15. Jh.) mit Treppengiebeln und hoher Freitreppe. Auf einem Hügel hinter Bäumen befindet sich das moderne *Wald- und Sporthotel Polisina*. Die Zimmer

wie ein internationaler Wettbewerb kürzlich ergab *(Weingut Bickel-Stumpf | Kirchgasse 5 | Tel. 09331/71 76 | www.bickel-stumpf.de). www.ochsenfurt.de*

Einst trutzig, heute eher putzig: das Rödelseer Tor in Iphofen

sind rustikal bis modern eingerichtet, es gibt ein Hallenbad, Sauna und Sportanlagen *(93 Zi. | Marktbreiter Str. 265 | Tel. 09331/84 40 | www.polisina.de | €€ – €€€).* Auf der anderen Mainseite gegenüber erstreckt sich hinter dem prächtigen Torturm *Frickenhausen.* Die vielen barocken Patrizierhäuser und Weingüter sind wunderschön. Der Wein gehört zu Frankens allerbesten Lagen. Probieren und kaufen Sie vor Ort, etwa beim *Weingut Bickel-Stumpf.* Jungwinzer Matthias Stumpf hat die feinste Weintesterzunge Europas,

SOMMERHAUSEN   [124 B1]

Das bunte Weindorf am Main (1700 Ew., 14 km) mit seiner Stadtmauer und den verträumten kleinen Häusern ist seit Langem ein Künstlerdorf. Am Plan 4 steht das Geburtshaus des Auswanderers Franz Daniel Pastorius (1651–1719), der mit Germantown (Philadelphia) 1683 die erste deutsche Ansiedlung in den USA gründete. Neben alten Wirtschaftsgebäuden der Weingüter finden Sie viele kleine Galerien und Kunsthandwerksläden, in denen es Kunst, Keramik und z. T. kuriose Antiquitäten gibt. Die vielen Künstler hat es angeblich wegen der drei winzigen Theater hierher gezogen, deren erstes und berühmtestes das ▶▶ *Torturm-Theater* ist, untergebracht in dem Tor, durch das man in die Stadt gelangt. Es hat nur 50 Plätze, aber die Inszenierungen zeitgenössischer Autoren sind Höhepunkte fränkischen Profitheaters *(März–Dez. Di–Fr 20, Sa 16.30, 19 Uhr | Hauptstr. 1 | Tel. 09333/268 | www.torturmtheater.de). www.sommerhausen.de*

Insider Tipp

VEITSHÖCHHEIM ★ [120 B5]
Direkt am Main liegt die Stadt (10 000 Ew., 8 km), die vor allem für einen der schönsten *Rokokoparks* ganz Europas berühmt ist. Um die ehemalige *Sommerresidenz* (1680 bis 1682) der Würzburger herum tauchen hinter Hecken, neben Teichen und auf Blumenwiesen oft unvermittelt Hunderte Sandsteinfiguren von verschiedenen Hofbildhauern auf *(April–Okt. Di–So 9–18 Uhr | Eintritt 4 Euro | Echterstr. 10 | www.residenz-wuerzburg.de).* Die schönste Anfahrt haben Sie per Schiff von Würzburg aus *(Abfahrt ist am Alten Kranen |*

www.schiffstouristik.de | ab 6 Euro). www.veitshoechheim.de

WEIKERSHEIM [124 B2]
Die Stadt (7500 Ew., 41 km) wird dominiert von *Schloss Weikersheim* im Zentrum, dem riesigen Park mit seinen kunstvollen Sandsteinfiguren und Brunnen und den Kolonnaden der Orangerie vor der umgebenden Tauberlandschaft. Das Ensemble ist der Inbegriff einer barocken Residenz. In der Ahnengalerie des *Rittersaals* mit riesigem Kamin und Kassettendecke hängen zahlreiche Gemälde der Schöpfer der Anlage, der Fürsten von Hohenlohe. Nach und nach entstand aus dem alten Wasserschloss (12. Jh.) dieser Komplex, der seine heutige Gestalt Anfang des 18. Jhs. erhielt. Die alte *Schlossküche* entführt Sie in die geheime Welt der Alchemie, die Graf Wolfgang II. von Hohenlohe (1546–1610) hier leidenschaftlich betrieb *(April–Okt. tgl. 9–18, Nov.–März tgl. 10–12 u. 13–17 Uhr | Eintritt 2,50 Euro, Sonderausstellungen kosten extra | Marktplatz 11 | www.schloss-weikersheim.de). www.weikersheim.de*

> WEINSEMINARE
Von Silvaner, Bocksbeutel und Bremser

Vor allem in Mainfranken bringen Ihnen zahlreiche Veranstaltungen das Thema Wein näher, und das oft auf spannende, verblüffende und erlebnisreiche Art. Außer wichtigen Fakten werden Ihnen vor der eigentlichen Verkostung auch Gerüche und Aromen vorgestellt, die im Wein enthalten sind, etwa Zimt, Äpfel, Schokolade und Johannisbeere. Hinter-

her fällt es Ihnen leichter, in den gemütlichen Kellern der Genossenschaften oder großen Weingütern beim Verkosten diese Aromen zuzuordnen. So können Sie dann später beim Einkauf bei den Winzern besser Ihren Lieblingswein beschreiben. Gute Weinseminare in Franken finden Sie auf *www.gaestefuehrer-weinerlebnis.de.*

WERTHEIM [119 E5]

Auf dem Dreieck zwischen Main und Tauber liegt die Altstadt von Wertheim (24 000 Ew., 40 km), darüber erhebt sich die *Burg* aus dem 12. Jh. Die schönsten Fachwerkbauten der

Uhr u. n. Vereinbarung | Eintritt 3 Euro | Würzburger Str. 30 | www. schloesschenwertheim.de).

18 km entfernt am Main entlang Richtung Miltenberg liegt bei Collenberg der idyllische *Fechenbacher*

Eine der größten Steinburgen Deutschlands wacht über der Wertheimer Altstadt

Stadt, das *Alte Rathaus* und das *Haus der vier Gekrönten,* sind Sitz des *Grafschaftsmuseums,* das neben Kunst auch Weinbau und Fischerei zeigt (*Di–Fr 10–12 u. 14.30–16.30, Sa 14.30–16.30, So 14–17 Uhr | Eintritt 2,50 Euro | Rathausgasse 6–10 | www.grafschaftsmuseum.de).* Zehn Gehminuten von der Altstadt steht man vor dem reizenden *Museumsschlösschen* im Hofgarten. Im Sommer 2008 eröffnet, zeigt es kostbares Porzellan und Malerei der Berliner Sezession (*April–Okt. Di–So 14–17*

Grund. Hier können Sie einen spannenden Spaziergang mit Pfeil und Bogen unternehmen. Ziele sind hölzerne Wildschweine, Hirsche und Füchse (*in Collenberg Richtung Schützenhaus ausgeschildert | 8 Uhr bis eine Stunde vor Sonnenuntergang | Am Schützenhaus | ab 10 Euro | Tel. 09376/97 43 14 | www.bogenpar cours-collenberg.de).* Nach etwa 10 km in Richtung A3 erwartet das *Factory-Outlet-Center Wertheim Village* Schnäppchenjäger *(www.wert heimvillage.com). www.wertheim.de*

> EINSAME BERGE, WELTBERÜHMTE STÄDTE

Das Idyll aus Wald, Fels und Kultur ist ein Magnet für Romantiker, Kunstinteressierte genießen Bamberg und Bayreuth

> Der kühle Frankenwald und das wildromantische Fichtelgebirge umschließen wunderschöne Städte wie Bamberg oder Bayreuth in ihren Flusstälern. Die Berge in den beliebten Wintersportgebieten sind schneesicher, zwischen Granitfelsen fließt reichlich klares Quellwasser.
Von der manchmal märchenhaften, manchmal eher rauen Landschaft haben sich viele Dichter der deutschen Romantik inspirieren lassen, etwa Friedrich Rückert, E. T. A. Hoffmann und vor allem Jean Paul Richter, der seine Heimat in Gedichten unsterblich machte. Mit ihrem besonders kalkarmen Wasser gehen die Oberfranken sorgsam um. Sie stauen es in zahlreichen Seen und machen Bier daraus, das aufgrund des geringen pH-Wertes besonders gut schmeckt – weswegen die Region mit ihren unzähligen Brauereien auch landläufig Bierfranken heißt. Und für noch etwas ist Oberfranken bekannt: Es gibt

Bild: Steinachtalklamm

OBER FRANKEN

hier in Tälern und Wäldern viele
schöne Landgasthöfe mit ausge-
zeichneter Küche. Und die sind meis-
tens erstaunlich günstig.

BAMBERG

 **KARTE AUF
SEITE 129**

[121 F5] Man nennt Bamberg (70 000 Ew.)
auch fränkisches Rom wegen seiner sieben Hügel, fränkisches Prag wegen seiner

**Stadtpaläste und fränkisches Venedig we-
gen seiner Flussidylle.** Vor allem aber
ist Bamberg das quicklebendige
Zentrum Oberfrankens. In der Universitätsstadt stehen 2000 Häuser
und Objekte unter Denkmalschutz.

Die Altstadt, seit 1993 Unesco-
Weltkulturerbe, ist ein faszinierendes
Puzzle aus Gassen, Plätzen, Palästen,
Standbildern und Brunnen. Im Ge-
wirr kleiner Durchgänge, Passagen
und Sträßchen, die die manchmal fast

nur handtuchbreiten Barockfassaden bilden, orientieren Sie sich ganz einfach so: Wer eher aufwärts geht, wird schnell vor den imposanten Bauwerken um den Dom stehen. Wer den

Das Alte Rathaus: ein Wasserschlösschen

verwinkelten Gässchen nach unten folgt, steht bald auf einem der vielen Brücken und Stege, die über die Regnitz hinweg schöne Durchblicke gewähren und in alte Handwerkerviertel führen. Im Sandviertel unterhalb des Dombergs schlägt das kulinarische Herz der Stadt. Viele der Bierlokale, Weinstuben und Restaurants haben stimmungsvolle Gewölbekeller. Das Viertel gab der *Sandkerwa*,

einem turbulenten Volksfest im August quer durch die Altstadt, seinen Namen. Immer wieder wird Ihnen auf Ihrem Streifzug durch Bamberg der Dichter E. T. A. Hoffmann, Schöpfer fantastisch-grotesker Erzählungen, begegnen. Hoffmann wohnte und arbeitete hier zwischen 1808 und 1813, vieles, was er in Bamberg erlebte – eine unglückliche Liebe und das Apfelweibla – verarbeitete Hoffmann literarisch.

■ SEHENSWERTES ■

ALTE HOFHALTUNG

Durch das *Schöne Tor* betritt man den Renaissancebau (16. Jh.), der nur durch eine Gasse vom Dom getrennt ist. Innen wirkt die Front mit durchgebogenen Fachwerken, Galeriebalkonen und Giebeln inmitten alter Bäume wie ein Gemälde. Früher befanden sich hier u. a. Wirtschaftsgebäude der bischöflichen Verwaltung. Heute ist das *Historische Museum (Mai–Okt. Di–So 9–17 Uhr | Eintritt 3 Euro | Domplatz 7 | www.bamberg. de/museum)* hier untergebracht. Zahlreiche Relikte aus Vor- und Frühgeschichte der Region stammen von Ausgrabungen durch Forscher der Bamberger Universität. Hier liegt auch Bambergs berühmtester Türknopf. Das Apfelweibla war der Knauf des Hauses Eisgrube 14, der als Gesicht einer alten Frau geformt ist. E. T. A. Hoffmann besuchte das Haus oft, das Gesicht regte ihn zur Figur des Apfelweibla in seiner Erzählung „Der goldne Topf" an.

ALTES RATHAUS

Das vielleicht malerischste Rathaus ganz Frankens (um 1400, 1744–56 barock umgestaltet) scheint auf der Regnitz zu schwimmen. Auf der im Mittelalter künstlich angelegten Insel steht der Rokokobau mit seinen plastischen Malereien, dem Brückentor und einem wie angeklebt wirkenden Fachwerkbau. Zwei Brücken verbinden dieses Stilgemisch mit den Ufern. Hier verlief früher die Grenze zwischen Bischofsstadt und Bürgerstadt. Weil der Fürstbischof den Bürgern Bauland für ihr Rathaus verweigert habe, sollen sie es – so die Legende – kühn auf Pfeilern im Fluss errichtet haben. Heute ist hier die *Sammlung Ludwig* untergebracht mit Porzellan und Fayencen aus verschiedenen Jahrhunderten *(Di–So 9.30 bis 16.30 Uhr | Eintritt 3,50 Euro | Obere Brücke 1 | www.bamberg.info).*

ALTSTADT ⭐

Sie liegt zwischen den beiden Regnitzarmen, auf der sogenannten Inselstadt, und rings um den Domberg. Hier befindet sich der Hauptteil der rund 2000 denkmalgeschützten Häuser Bambergs, etwa das *Böttinger-*

haus, ein schönes Rokokopalais auf dem kleinen Platz An der Eisgrube. Oder das *Karmelitenkloster (www. karmelitenorden.de/bamberg)* mit seiner barock geschwungenen Sandsteinfassade, das 1273 gegründet und im 18. Jh. grundlegend umgestaltet wurde. Derzeit leben 19 Mönche darin. Besuchen Sie den schönen romanischen Kreuzgang.

DIÖZESANMUSEUM

Direkt neben dem Dom sehen Sie im prächtigen ehemaligen Domkapitelhaus (1731–33), von Balthasar Neumann gestaltet, den einzigartigen Sternenmantel Heinrichs II. (973–1024). Auf blauem Halbkreis sind in Gold sämtliche Sternzeichen aufgestickt. Im Haus sind auch der Domschatz, Plastiken und religiöse Volkskunst untergebracht. *Jan.–Nov. Di–So 10–17 Uhr | Eintritt 3 Euro | Domplatz 5 | www.eo-bamberg.de*

DOM ⭐

Schon die hohen Tore mit ihren verschlungenen Eisenornamenten sind

MARCO POLO HIGHLIGHTS

⭐ **Altstadt Bamberg**
Die verwinkelten 2000 historischen Gebäude des Unesco-Welterbes sind ein lebendes Denkmal (Seite 79)

⭐ **Dom**
Der Geist des Mittelalters liegt in der Luft, der berühmte „Reiter" bleibt ein Rätsel (Seite 79)

⭐ **Markgräfliches Opernhaus**
Goldglänzendes Rokoko türmt sich bis in den Freskohimmel (Seite 87)

⭐ **Vierzehnheiligen**
Die berühmteste Wallfahrtskirche Frankens ist eine Symphonie aus Licht und Stein (Seite 94)

⭐ **Teufelshöhle**
Das Labyrinth bei Pottenstein hat gewaltige Höhlungen mit dramatischer Lichtgestaltung (Seite 84)

⭐ **Schloss Pommersfelden**
Der Gründungsbau des fränkischen Barock galt vielen als Vorbild (Seite 85)

ein Blickfang. Im Inneren des zwischen Romanik und Gotik entstandenen vierturmigen Doms beeindrucken die besondere Stimmung und das unbehandelte Sandsteinmauerwerk. Nur von einer Treppe aus zu sehen ist das von Tilman Riemenschneider geschaffene Hochgrab für den Kirchenstifter Kaiser Heinrich

Tgl. 8–17 Uhr, Führungen Mo–Sa 10.30 u. 14, Fr/Sa auch 15, So 13 und 14 Uhr | Führung 3 Euro | www.eo-bamberg.de

E.T.A.-HOFFMANN-HAUS

Das schmale Haus am Schillerplatz 26 erreichen Sie über die Nonnenbrücke. Hier lebte der Dichter von

Postkartenmotiv: „Klein-Venedig" liegt malerisch am Ufer der Regnitz

(973–1024) und seine Gemahlin Kunigunde. In einer Seitenkapelle befindet sich der geschnitzte Marienaltar von Veit Stoß (1447–1533). Der Bamberger Reiter (13. Jh.), eines der ältesten Reiterstandbilder des Mittelalters, gibt bis heute Rätsel auf: Wer wird dargestellt? Und warum? Im Seitengang, fast unscheinbar, ist das einzige Papstgrab Deutschlands für Clemens II. (1005–1047) zu sehen.

1808 bis 1813. Dass er gern unter Alkoholeinfluss schrieb, zeigt das „Loch in der Ecke", durch das er sich beim Schreiben Punsch reichen ließ. Wegen einer unglücklichen Liebe zu einer erst 15-jährigen Bambergerin musste der Dichter die Stadt 1813 verlassen. *Mai–Nov. Di–Fr 15–17, Sa/So 10–12 Uhr | Eintritt 2 Euro | Schillerplatz 26 | www. etahg.de*

> www.marcopolo.de/franken

KLEIN-VENEDIG
Entlang des Regnitzufers stehen die alten Fachwerkhäuser der Bamberger Fischer, die hier ab dem 14. Jh. ihr Viertel hatten. Reiches Fachwerk, kleine Ufergärten, Fischernetze und Kähne sorgen für ein fränkisch-venezianisches Bild, das dem Viertel seinen Namen gab. Den schönsten Blick haben Sie von gegenüber von der ✿ Uferstraße Am Leintritt.

NATURKUNDEMUSEUM
Seit vor Kurzem in einem nahe gelegenen Steinbruch 150 Mio. Jahre alte Fossilien entdeckt wurden, hat das Museum neue Attraktionen: versteinerte Haifische und Meeresschildkröten. Berühmt ist der Vogelsaal mit seinen vielen präparierten Tieren. *April–Sept. Di–So 9–17, Okt.–März 10–16 Uhr | Eintritt 2 Euro | Fleischstr. 2 | www.naturkundemuseum-bamberg.de*

NEUE RESIDENZ
Direkt gegenüber der Alten Hofhaltung steht die vierflügelige Anlage (1613–1703), die sowohl Renaissance- als auch Barockelemente enthält. Sie ist der ehemalige Herrschersitz der Fürstbischöfe. Heute ist hier die *Staatsgalerie* mit Meisterwerken der Spätgotik untergebracht. Besonders schön ist der *Kaisersaal,* dessen Malerei die verblüffende Illusion von Stuck erzeugt. *April–Sept. tgl. 9–18, Okt.–März 10–16 Uhr | Besichtigung nur mit Führung, Eintritt 4 Euro | Domplatz 8 | www.residenz-bamberg.de*

Zur Residenz gehört der *Rosengarten,* der neben 4500 Rosenbüschen und barocken Sandsteinfiguren eine herrliche Aussicht auf die Stadt und den Michaelsberg bietet.

ST. MICHAEL
Das ehemalige Benediktinerkloster (11. Jh.) steht auf einem Hügel gegenüber dem Domberg. Botaniker und Laien sind gleichermaßen fasziniert von den über 600 exakt gemalten Pflanzenarten im Gewölbe der Kirche. Hier ruht der hl. Otto I. (1060–1139). Er wird wegen Rückenleiden angerufen. Wer daran glaubt und sich gebückt durch die Nische in seine Gruft begibt, soll der Legende nach geheilt werden. *Tgl. 9–18 Uhr | Franziskanergasse 2*

SCHLOSS GEYERSWÖRTH ✿
Insider Tipp

Die ehemalige Stadtresidenz des Fürstbischofs bietet von ihrem Turm einen wunderbaren Ausblick über die Dächer des Weltkulturerbes. Den Schlüssel bekommen Sie beim Tourist-Service im Gartenflügel des Schlosses. *Mo–Do 9–16.30, Fr 9–12.30 Uhr | Geyerswörthplatz*

ESSEN & TRINKEN
BERGSCHLÖSSCHEN ✿
Von der weiten Terrasse oder der kühl schwarz-weiß gestylten Lounge genießen Sie den herrlichen Blick auf Dom und Michaelsberg. *Tgl. | Am Bundleshof 2 | Tel. 0951/20 85 88 90 | www.hotelbergschloesschen.de | €€–€€€*

ESS-BAR
Mitten in der Altstadt bietet das schick eingerichtete Restaurant Asiatisches und Mediterranes. *Tgl. | Stangsstr. 3 | Tel. 0951/50 99 88 44 | www.essbar-bamberg.de | €*

BAMBERG

HOFFMANNS

Im Restaurant im Erdgeschoss des E.T.A. Hoffmann-Theaters können Sie den Köchen bei ihrer Arbeit zuschauen. Neben Gerichten aus dem Wok oder vom Lavagrill reicht man Exotisches wie Känguru- oder Krokodilsteak. *So geschl.* | *Schillerplatz 7* | *Tel. 0951/700 08 85* | *www.hoffmanns-bamberg.de* | *€€ – €€€*

SCHLENKERLA

Direkt unterhalb des Dombergs genießen Sie im historischen Fachwerkhaus Deftiges wie Kesselfleisch oder Bratwürste. Dazu gibt es Rauchbier. *Tgl.* | *Dominikanerstr. 6* | *Tel. 0951/560 60* | *www.schlenkerla.de* | *€*

Insider Tipp

SPEZIALKELLER ▶▶

Keller heißen in Bamberg auch die Biergärten. Der wohl schönste liegt auf einem Hügel unter Kastanienbäumen, wo es zum Bier grobe Bratwürste oder Knöchla mit Kraut und die Aussicht auf die Stadt gibt. *Mo geschl.* | *Sternwartstr. 1* | *Tel. 0951/ 548 87* | *€*

■ EINKAUFEN

Das Apfelweibla bekommen Sie in vielen Geschäften aus unterschiedlichsten Materialien, am leckersten vielleicht als Kugelpraline im Haus zur Trommel *(Judenstr. 17).*

■ ÜBERNACHTEN

BAROCKHOTEL AM DOM

Im Domgrund liegt dieses herrliche Barockhaus. Die Zimmer sind groß und elegant schwarz-weiß eingerichtet. *19 Zi.* | *Vorderer Bach 4* | *Tel. 0951/540 31* | *www.barockhotel.de* | *€€ – €€€*

BRAUEREI FÄSSLA

Im traditionsreichen alten Brauereigebäude schlafen Sie in hübschen, funktional eingerichteten Räumen. *26 Zi.* | *Obere Königsstr. 19–21* | *Tel. 0951/265 16* | *www.faessla.de* | *€*

ROMANTIKHOTEL WEINHAUS MESSERSCHMITT

Von alten Ölgemälden blicken die fränkischen Fürstbischöfe. Hier schliefen schon der Aga Khan, Franz Josef Strauß und der König von Belgien. Große Zimmer mit edlen Möbeln und schweren Sesseln in warmen Farben. *67 Zi.* | *Lange Str. 41* | *Tel. 0951/29 78 00* | *www.hotel-messerschmitt.de* | *€€€*

■ FREIZEIT & SPORT

Das *Büro für angewandte Archäologie* bietet eine ganze Reihe von etwa zweistündigen, spannenden Führungen wie „Prunk, Pracht & Puder", die Nachtwächterwanderung oder den kulinarischen Streifzug „Ein Tag Barock" an. *Bürozeiten Di–Do 10–14 Uhr* | *Schranne 4c* | *Tel. 0951/ 519 03 89* | *www.agil-bamberg.de*

PERSONENSCHIFFFAHRT KROPF

Stechen Sie in See! 80-minütige Hafenrundfahrten bis zum nahen Rhein-Main-Donau-Kanal oder Tagesfahrten auf dem Main. *Abfahrt Am Kranen* | *Mai–Okt. zwischen 11 und 16 Uhr im Stundentakt* | *ab 7 Euro* | *Kapuzinerstr. 5* | *Tel. 0951/266 79* | *www.personenschiffahrt-bamberg.de*

■ AM ABEND

E.T.A. HOFFMANN-THEATER

Viel Glas und Licht prägt die neu gestaltete Fassade, das feste Ensemble spielt Klassiker und Märchen. Die Werke des Namensgebers stehen hier natürlich regelmäßig auf dem Spielplan. *E.T.A.-Hoffmann-Platz 1 | Tel. 0951/87 30 30 | www.theater.bamberg.de*

SINFONIE AN DER REGNITZ

Unweit von Klein-Venedig liegt die moderne Kongress- und Konzerthalle direkt am Fluss. Hier spielen auch die weltberühmten Bamberger Symphoniker. *Mußstr. 1 | Tel. 0951/964 71 00 | www.bamberger-symphoniker.de*

■ AUSKUNFT ■

BAMBERG TOURISMUS & KONGRESS SERVICE

Geyerswörthstr. 3, 96047 Bamberg | Tel. 0951/297 62 00 | www.bamberg.info

■ ZIELE IN DER UMGEBUNG ■

EBRACH   [121 D5]

Das kleine Ebrach (1800 Ew., 35 km) am Rand des Steigerwalds wird dominiert von einem riesigen *Kloster* (11. Jh.). Die gotische Kathedrale mit den vielen Pfeilern, der großen Fensterrose mit der im Barock umgebauten Abtei wirkt fast übernatürlich. Der rot-weiße Kaisersaal und das geschwungene Treppenhaus wie auch der Abteigarten mit dem Herkulesbrunnen sind besonders prächtig *(Klosterkirche: April–Okt. tgl. 10–12 und 14–18 Uhr; Treppenhaus u. Kaisersaal: April–Okt. Führungen 10.30 und 14.30 Uhr | www.mein-steigerwald.de). www.ebrach.de*

FORCHHEIM   [122 A6]

Gotik, Renaissance und Barock prägen die Stadt (30 300 Ew., 50 km).

Sundowner auf Fränkisch im Bamberger Spezialkeller

Im *Fachwerkschloss Kaiserpfalz* (14. Jh.) wird in neun Szenarien die Geschichte Forchheims spannend erzählt, im *Trachtenmuseum* erfahren Sie alles rund um Trachten *(beide Museen: Mai–Okt. Di–So 10–17, Nov.–April Mi/Do 10–13, So 13–17 Uhr | Kapellenstr. 16 | Eintritt 2,50 Euro | www.fraenkische-schweiz. com).* Spannende Führungen wie „Ein Tag im Mittelalter" oder „Rit-

richte wie Tafelspitz mit Krensauce an. *www.forchheim.de*

NATURPARK FRÄNKISCHE SCHWEIZ/ VELDENSTEINER FORST [122 A–C5–6]

Hier gibt es Wälder, Auen, kleine Forellenteiche und viele malerische Felsentürme. Die Höhlen der Fränkischen Schweiz gehören zu den klassischen Ausflugszielen in Franken. Die größte Tropfsteinhöhle ganz

Übernachten in alten Gemäuern: Auf Burg Veldenstein befindet sich ein Hotel

ter" machen das Leben unserer Vorfahren lebendig *(Termine: Büro für angewandte Archäologie | Tel. 0951/ 519 03 89 | www.agil-bamberg.de).*

In der Gegend liegt übrigens das traditionsreichste Meerrettichanbaugebiet der Welt. Bei Baiersdorf (8 km südlich) gibt es noch 200 Krenbauern. Sie produzieren den Großteil des europäischen Gesamtbedarfs. Während der Scharfen Wochen im Oktober bieten über 100 Gaststätten der Fränkischen Schweiz Meerrettichge-

Bayerns ist die ★ *Teufelshöhle* bei Pottenstein. Knapp 2 km Fußweg führen hindurch. Die dramatische, eindrucksvolle Lichtinszenierung darin ist ganz neu *(April–4. Nov. tgl. 9–17, 5. Nov.–Palmsonntag Di, Sa/So 10–15 Uhr | Eintritt 3,80 Euro | Zweckverband Teufelshöhle, Forchheimer Str. 1, Pottenstein | Tel. 09243/208 | www.teufelshoehle.de).* Im *Fränkischen Wunderland* begegnen Sie Grimms Märchenfiguren, fahren mit der Postkutsche und essen im Indianerlager *(April–Okt. tgl. 9–18 Uhr | Eintritt 12 Euro | Herrlesgrund 13, Plech | www.wunderland.de)*. Auf einem hohen Felsen über Markt Neuhaus an der Pegnitz steht **die wildromantische *Burg Veldenstein*.** Ferienwohnungen mit fantastischem Blick bietet das ❄ *Burghotel* mit Restaurant – und das auch noch günstig *(20 Zi. | Neuhaus/Pegnitz | Tel. 09156/634 | www.burghotel-veldenstein.de | €). www.fsvf.de*

NATURPARK STEIGERWALD [121 D–E5–6]
Wohl an keinem Ort leuchtet das Laub uralter Buchen so impressionistisch wie hier. Aufgrund des urwaldartigen Bestands mit jahrhundertealten Baumriesen würden Naturschützer am liebsten die ganze Gegend zum Nationalpark erklären. Zahlreiche Spazierwege führen quer durchs grüne Idyll. Unter einem Grasdach residiert im Wald bei Oberaurach der *Hummelhof,* ein Restaurant mit außergewöhnlichem Rahmenprogramm (z. B. Bogenschießen, Cross-Golfen). Die Küche, die neben Fisch und Wild eine große vegetarische Auswahl hat, ist in der Gegend berühmt. Sie können hier auch Bogenschießen, Crossgolfen oder Möbel im Hummelhof-Design erstehen *(Mo/Di geschl. | Hummelhof 1, Oberaurach | Tel. 09522/55 53 | www.hummelhof.de | €–€€). www.steigerwald.org*

SCHLOSS POMMERSFELDEN ⭐ [121 F6]
Schon von Ferne sehen Sie die Walmdächer, die prächtigen Eckpavillons und das riesige Haupthaus hinter den Bäumen hervorschauen. Die riesige Anlage (20 km südwestl.) gilt als Gründungsbau des fränkischen Barock. Bambergs Fürstbischof Lothar Franz von Schönborn (1655–1729) beschäftigte mit Johann Dientzenhofer (1663–1726) und Lucas von Hildebrandt (1668–1745) gleich zwei Spitzenarchitekten. Das Treppenhaus mit Deckenfresko diente Balthasar Neumann als Vorbild für die Würzburger Residenz. Im Inneren befindet sich die größte Privatsammlung von Barockgemälden mit 600 Werken, etwa von Rubens, Tizian und Dürer. *April–Okt. tgl. 10–17 Uhr, Park ganzjährig geöffnet, Besichtigung nur mit Führung möglich (zu jeder vollen Stunde) | Führung 6 Euro, Parkbesichtigung 1 Euro | Schloss 1, Pommersfelden | www.schlosspommersfelden.de*

BAYREUTH

KARTE AUF SEITE 129

[122 C5] Weltberühmt ist Bayreuth (73 000 Ew.) natürlich vor allem wegen Richard Wagner (1813–1883). Er entdeckte die Stadt 1870 als den Ort, an dem er seine Opern in einem eigenen, riesigen Festspielhaus aufführen wollte. Seitdem gehören Wagner und Bayreuth untrennbar zusammen. Doch Bayreuth hat weitaus mehr zu bieten. Denn Barock und Rokoko haben zwischen 1740 und 1780 Stadt und Umland tief geprägt. Die prächtige Residenz mit ihren riesigen Schlössern, Galerien, Gärten und vor allem dem Markgrafentheater sind Publikumsmagnete. Wilhelmine von Ansbach-Bayreuth (1709–58), aus Preußen eingeheiratet, hatte die in ihren Augen reizlose Stadt besonders

BAYREUTH

um die Friedrichstraße herum mit Pomp umgestaltet. Nach dem Krieg riss man in Modernisierungswut einige Bauten ab und errichtete dafür in den 1970ern das *Neue Rathaus*, einen funktional-hässlichen Plattenbau. Mit diesem Gegensatz muss die Universitätsstadt am Roten Main (Quellfluss des Mains) eben leben. Während der Festspiele ist Bayreuth ein Laufsteg für die Hochprominenz. Ansonsten geht es in der Stadt eher ruhig und beschaulich zu.

■ SEHENSWERTES

EREMITAGE, ALTES SCHLOSS UND WASSERSPIELE

Eine der prachtvollsten Parkanlagen Europas beeindruckt mit dem Sonnentempel in ihrer Mitte. Eine künstliche Grotte und eine antike Ruine (als Theater gedacht) geben zusammen mit den Wasserspielen einen faszinierenden Eindruck barocker Kunst. *April–Sept. tgl. 9–18, 1.–15. Okt. 10–16 Uhr, Wasserspiele Mai bis Okt. jede Stunde: oberes Bassin 10–17 Uhr, untere Grotte 10.15 bis 17.15 Uhr | Eintritt 2,50 Euro | Eremitage Haus Nr. 1 | www.schloesser-bayern.de*

FESTSPIELHAUS ▶▶

Das riesige Festspielhaus (1872–75) nach Plänen Richard Wagners liegt hinter Bäumen auf dem Grünen Hügel oberhalb der Stadt. Vom dreiportaligen Eingang erklingt an Festspieltagen die Fanfare. Karten muss man auf Jahre im Voraus bestellen. Auf Führungen wird der zu seiner Entstehungszeit revolutionäre Akustikbau erklärt. *Führungen Sept.–Okt. tgl. 10, 11, 14, 15, Dez.–April 10, 14 Uhr | Eintritt 5 Euro | Festspielhügel 1–2 | www.bayreuther-festspiele.de*

GARTENKUNST-MUSEUM

In einem wundervollen Landschaftspark 5 km außerhalb bei Donndorf-Eckersdorf informiert eine Ausstellung in dem Lustschlösschen

Mekka für Wagner-Freunde: Festspielhaus auf dem Grünen Hügel

(1761–65) über die Kunst des Gartenbaus. *April–Sept. Di–So 9–18, 1.–15. Okt. 10–16 Uhr, Park ganzjährig offen (Eintritt frei) | Eintritt 3 Euro | Bamberger Str. 3 | www.gartenkunst-museum.de*

JEAN-PAUL-MUSEUM

Die Sammlung erinnert mit Bildern, Porträts, Briefen und seltenen Erstausgaben an den fränkischsten aller Dichter. Unweit davon, in der Königsallee, ist die Rollwenzelei, ein Gasthaus, in dem Jean Paul (1763–1825) täglich Bier trank und schrieb. *Sept.–Juni tgl. 10–12 u. 14–17, Juli–Aug. 10–17 Uhr | Eintritt 1,60 Euro | Wahnfriedstr. 1 | www. bayreuth.de*

KUNSTMUSEUM BAYREUTH

Expressionismus, Surrealismus und moderne Konzeptkunst sind unter einem Dach mit der tabakhistorischen Sammlung der British-American Tobacco untergebracht. *Di–So 10–17*

Uhr | Eintritt 1,60 Euro | Altes Rathaus, Maximilianstr. 33 | www.kunstmuseum-bayreuth.de

MARKGRÄFLICHES OPERNHAUS ⭐

Von außen wirkt das Opernhaus beinahe ein wenig nüchtern, innen prunkt und glänzt es drei Stockwerke hoch bis in den Himmel der riesigen Deckenfreskos. Markgräfin Wilhelmine (1709–58) ließ es von 1744 bis 48 ausbauen, um im bis dato nüchternen Bayreuth glanzvoll repräsentieren zu können. *April–Sept. tgl. 9–18, Okt.–März 10–16 Uhr | Eintritt 5 Euro | Opernstr. 14 | www.bayreuth.de*

NEUES SCHLOSS

Vor den lang gezogenen Mauern erhebt sich der prächtige Markgrafenbrunnen mit dem Reiter. Die ehemalige Stadtresidenz der Markgrafen (1753) besitzt seit Kurzem eine Staatsgalerie mit 80 Meisterwerken des späten Barock. *April–Sept. Di–So 9–18, Okt.–März 10–16 Uhr | Eintritt 5 Euro | www.schloesser-bayern.de*

RICHARD-WAGNER-MUSEUM

Die Villa Wahnfried wurde neoklassizistisch vom Meister selbst entworfen. Neben seinem Klavierzimmer zeigt das Haus 60 Modelle von Wagner-Inszenierungen. *April–Okt. tgl. 9–17, Di/Do 9–20, Nov.–März tgl. 10–17 Uhr | Eintritt 4 Euro, Juli/Aug. 4,50 Euro | www.wahnfried.de*

■ ESSEN & TRINKEN ■

OSKAR – DAS WIRTSHAUS AM MARKT

Im Gewölbekeller oder auf dem Platz serviert man Ihnen – elegant angerichtet – von mediterranen Scampi-gerichten bis zum Brezelknödel mit Braten beinahe alles. *Tgl. | Maximilianstr. 33 | Tel. 0921/516 05 53 | www.oskar-bayreuth.de | €*

RICHTERS
Das schöne, alte Steinhaus in der barocken Friedrichstraße empfängt die Gäste mit einer stilvollen Einrichtung (Restaurant, Bar, Café). *Tgl. | Friedrichstr. 10 | Tel. 0921/507 58 80 | www.richters-bayreuth.de | €€ – €€€*

WEIHENSTEPHAN
Im Biergarten oder innen unter Holzbalken gibt es Klassiker von Schweinsbraten bis Steak. *Tgl. | Bahnhofstr. 5 | Tel. 0921/822 88 | www.restaurant-weihenstephan.de | €€*

■ EINKAUFEN
In der Hofgartenpassage *(Richard-Wagner-Str. 22)* und in der Passage am Marktplatz finden Sie zahlreiche Läden.

STEINGRAEBER UND SÖHNE
Eine der Edelmarken unter den Pianobauern hat hier ihren Hauptsitz. Im unteren Bereich sind originelle Klaviere zum Verkauf und zur Besichtigung ausgestellt. Im kleinen Konzertsaal steht ein Flügel, auf dem bereits Franz Liszt spielte. *Mo–Fr 10–18, Sa 10–14 Uhr | Friedrichstr. 2 und Steingraeberpassage 1 | www.steingraeber.de*

■ ÜBERNACHTEN
BAYERISCHER HOF
Die Zimmer sind von praktisch bis gediegen-elegant eingerichtet. Es gibt Hallenbad und Sauna. *60 Zi. | Bahnhofstr. 14 | Tel. 0921/786 00 | www.bayerischer-hof.de | €€ – €€€*

GOLDENER HIRSCH
Im auffälligen, grünen Gebäude mit den schönen Fensterläden sind die Zimmer in hellem Holz praktisch möbliert. *41 Zi. | Bahnhofstr. 13 | Tel. 0921/15 04 40 00 | www.bayreuth-goldener-hirsch.de | €€*

LOHMÜHLE
Die Zimmer des spitzgiebeligen Hotels am malerischen Mühlbach sind gemütlich eingerichtet. *42 Zi. | Badstr. 37 | Tel. 0921/530 60 | www.hotel-lohmuehle.de | €€ – €€€*

RAMADA HOTEL RESIDENZSCHLOSS BAYREUTH 🔊
Das helle Steinhaus in Zentrumsnähe mit seinen vielen hohen Fenstern bietet wohnlich und aufwendig möblierte Zimmer. Sauna, Whirlpool und Fitnessecke. *104 Zi. | Erlanger Str. 37 | Tel. 0921/758 50 | www.ramada.de | €€ – €€€*

■ FREIZEIT & SPORT
LOHENGRIN-THERME
Hier entspannen Sie in der Therme, der Sauna oder im Spa. Die Lohengrin-Therme liegt inmitten eines Landschaftsschutzgebiets in der Nähe der Eremitage. *Tgl. 9–22 Uhr | Eintritt ab 9,50 Euro | Kurpromenade 5 | www.lohengrin-therme.de*

■ AUSKUNFT
KONGRESS- UND TOURISMUSZENTRALE
Luitpoldplatz 9, 95444 Bayreuth | Tel. 0921/885 88 | www.bayreuth-tourismus.de

OBERFRANKEN

■ ZIELE IN DER UMGEBUNG ■

FICHTELSEE   [123 D4]

Eingekeilt zwischen Ochsenkopf und Schneeberg (30 km) liegt der alte Stausee (725 m), der einmal Hochmoor war. 10 ha groß und max. 15 m tief, dient er vor allem als Naturfreibad und zum Bootfahren. Es gibt einen schönen Rundwanderweg. Am

Mains. Unter der *Plassenburg* vereinen sich Roter und Weißer Main. Die selbst ernannte heimliche Hauptstadt des Bieres hat einen schönen *Rokokomarktplatz,* umgeben von winkligen Gassen. Die vielen Brauereien Kulmbachs brauen 28 verschiedene Sorten Bier. Im *Bayerischen Brauerei- und Bäckereimuseum* werden Ih-

Insider Tipp

Mittel- und Treffpunkt ist der Brunnen am Kulmbacher Marktplatz

Ufer liegt das *Waldhotel am Fichtelsee* mit familiär eingerichteten Zimmern. Bootsverleih *(18 Zi. | Am Fichtelsee 1, Fichtelberg | Tel. 09272/ 96 40 00 | www.fichtelsee.de | €).* Infos zu vielen Freizeitmöglichkeiten: *www.bischofsgruen-tourismus.de*

KULMBACH   [122 C3]

In der 30 000-Einwohner-Stadt (22 km) liegt Flusskilometer null des

nen anhand von Originalwerkzeugen und mittels moderner Medien die Abläufe beider Handwerke liebevoll erklärt *(Di–So 10–17 Uhr | Hofer Str. 20 | Eintritt 4,50 Euro | www.bayerisches-brauereimuseum.de).*

Auf der *Plassenburg* zeigt das *Deutsche Zinnfigurenmuseum* über 350 000 Figuren in zahlreichen Dioramen. Die imposante Burg (13. Jh.) über der Stadt war lange ein Vorbild des Festungsbaus. Hier sind auch das *Landschaftsmuseum Obermain* und das *Armeemuseum Friedrich der Große (April–Sept. tgl. 9–18, Okt. bis März 10–16 Uhr | Eintritt 4 Euro | www.schloesser-bayern.de).* Im 20 km entfernten 🔊 *Herrmanns Romantik-Posthotel* in Wirsberg serviert Ihnen die Sterneküche fränki-

gen Main, Saale, Naab und Eger. Im 19. Jh. wurde das Fichtelgebirge touristisch entdeckt, als Wintersportregion ist es heute sehr beliebt. Besonders markant sind der über 1000 m hohe Schneeberg und der Ochsenkopf. Zum 1024 m hohen Ochsenkopf fährt eine Seilbahn, es gibt eine Sommerrodelbahn. Start ist an der

Rau und schön: der Blick von der Großen Kösseine reicht bei guter Sicht bis zum Harz

schen Schieferrtrüffel, der ausschließlich hier wächst *(42 Zi. | Marktplatz 11 | Tel. 09227/20 80 | www.herrmanns-posthotel.de | €€). www.stadtkulmbach.de*

NATURPARK
FICHTELGEBIRGE   [123 D–E3–4]

Felstürme aus Granit und dichte Wälder prägen die Landschaft. Früher wurde Erz abgebaut. Hier entsprin-

Talstation Süd *(Fleckl 40 | Warmensteinach)* oder an der Talstation Nord *(Fröbershammer 27 | Bischofsgrün | Info-Tel. 09276/604 | ab 4 Euro | www.sommerrodelbahn-ochsenkopf. de). Naturpark Fichtelgebirge, Jean-Paul-Str. 9 | www.naturpark-fichtelgebirge.org.* Der *Landgasthof Haueis* liegt idyllisch im 25-Einwohner-Dorf Hermes mitten im Wald. Die Rezepte stammen aus Großmutters Zeiten. Im

Biergarten spendet eine große Linde im Sommer angenehmen Schatten *(35 Zi. (€–€€) | Rest. tgl. | Hermes 1 | Tel. 09255/245 | www.landgast hof-haueis.de | €).*

WUNSIEDEL [123 E4]

Die Stadt (9900 Ew., 45 km) am Fuß des Bergmassivs Kösseine verdankt ihre klassizistische Gestalt dem Wiederaufbau nach einem Großbrand 1834. Am *Jean-Paul-Platz* stehen das Geburtshaus des Dichters Jean Paul Richter (1763–1825) sowie ein Denkmal von ihm. Eine Dokumentation über Richter sehen Sie im *Fichtelgebirgsmuseum.* Dort gibt es außerdem eine Ausstellung über Blaufärberei, Kinderspielzeug und Gestein *(Di–So 10–17 Uhr | Eintritt 2,60 Euro | Spitalhof | www.fichtelge birgsmuseum.de).* In der Nähe befindet sich auch der andere Grüne Hügel Oberfrankens: An einem Abhang des Fichtelgebirges liegt die *Freilichtbühne Luisenburg (www.lui senburg-festspiele.de),* die auch außerhalb der Festspiele einen Besuch wert ist. Die Felslabyrinthe und die riesigen Felsen bilden eine faszinierende Kulisse. Der schönste Aussichtspunkt ist die 939 m hohe ☀ *Große Kösseine* mit einem Blick bis zum Harz. Um den Gipfel liegt ein Meer von wilden Granitblöcken. Das schindelgedeckte *Kösseinehaus* des Fichtelgebirgsvereins auf dem Gipfel ist bewirtschaftet und hat Platz für 21 Übernachtungsgäste *(Tel. 09232/20 61 | www.fichtelge birge-oberfranken.de | €).* Im wunderschön eingerichteten ehemaligen *Schwander'schen Burggut* serviert das *Wirtshaus Gläßl* altfränkische

Nachspeisen wie Hollerküchle und arme Ritter. Neben internationaler Küche gibt es Fisch aus eigenem Weiher und delikate Innereien *(Mo/Di geschl. | Göpfersgrün 2 | Tel. 09232/91 77 67 | www.wirtshausim gut.de | €€). www.wunsiedel.de*

COBURG

[121 F2] **Die Stadt ist untrennbar mit den Coburger Herzögen, dem Fürstenhaus Sachsen-Coburg und Gotha verbunden.**

Das zeigen die Burgen und Schlossanlagen sowie zahlreiche überlebensgroße Standbilder. Ab Mitte des 19. Jhs. heiratete die Familie in beinahe alle europäischen Monarchien ein. Am berühmtesten wurde die Liebesheirat zwischen Queen Victoria I.

von England und Prinz Albert. Sein Denkmal steht vor dem Rathaus. Alberts frühen Tod verwand die Queen nie und besuchte Coburg häufig. Erst 1920 wurde das ursprünglich thüringische Coburg durch eine Volksabstimmung bayerisch. Die Stadt hat bis heute einige Privilegien, etwa ein eigenes Staatsarchiv. Die ehemalige Residenzstadt ist geprägt von Industriebetrieben und großen Dienstleistungsunternehmen.

◼ SEHENSWERTES

EUROPÄISCHES MUSEUM FÜR MODERNES GLAS

Im lichtdurchfluteten, modernen Langhaus gegenüber der Orangerie in Park Rosenau sehen Sie Glas-Licht-Objekte und faszinierende künstlerische Verfremdungen des Materials. *April–Okt. tgl. 9.30–13 u. 13.30–17, Nov.–März Di–So 13–16 Uhr | Eintritt 3 Euro | Rosenau 10, Rödental | www.kunstsammlungen-coburg.de*

NATURKUNDEMUSEUM

Versteinerungen und naturgeschichtliche Objekte aus aller Welt. *Tgl. 9–17 Uhr | Park 6 | Eintritt 2 Euro | www.naturkunde-museum-coburg.de*

SCHLOSS EHRENBURG

Die Fassade des Stadtschlosses der Herzöge erinnert an die Houses of Parliament in London, Mitte des 19. Jhs. wurde es entsprechend umgebaut. Die Gemäldegalerie zeigt deutsche, flämische und holländische Malerei vom 16. bis zum 18. Jh. Besichtigung nur mit Führung möglich. *April–Sept Di–So 9–17, Okt.–März 10–15 Uhr, Führungen zu jeder vollen Stunde | Eintritt 4 Euro | Schlossplatz 1 | www.schloss-ehrenburg.de*

VESTE COBURG

Mit ihren Türmen, Erkern und ungewöhnlichen Wasserspeiern wacht die sogenannte Fränkische Krone über der Stadt. Schwere Harnische und riesige Donnerbüchsen in der Waf-

Veste Coburg: Die Fränkische Krone galt als uneinnehmbar

fenkammer zeigen die kriegerische Vergangenheit. Luther versteckte sich hier, Wallenstein versuchte sie vergeblich zu erobern. Die Kunstsammlung zeigt Gemälde und Möbel. *April–Okt. tgl. 9.30–17, Nov. bis März Di–So 13–16, Eintritt 5 Euro | www.kunstsammlungen-coburg.de*

ESSEN & TRINKEN
KÜNSTLERKLAUSE
Feine Adresse für gehobene Küche. *Mo geschl. | Theaterplatz 4a | Tel. 09561/907 05 | €€ – €€€*

EINKAUFEN
SPIELZEUGFABRIK HERMANN
Riesiges Sortiment an Teddybären und anderen Plüschtieren, Fabrikverkauf. *Mo–Fr 8–12.30 und 13.30–17 Uhr | Im Grund 9–11 | Tel. 09561/ 859 00 | www.hermann.de*

ÜBERNACHTEN
LANDHAUS FINK
Das moderne Hotel mit hübschen Dachgauben hat mit Holzmöbeln eingerichtete Zimmer. *21 Zi. | Lützelbucher Str. 22 | Tel. 09561/249 40 | www.gasthof-fink.de | €*

ROMANTIKHOTEL GOLDENE TRAUBE 🔊
Im klassizistischen Gebäude gibt es einen Wellness- und Saunabereich, die Zimmer sind liebevoll gestaltet. *72 Zi. | Am Viktoriabrunnen 2 | Tel. 09561/87 60 | www.goldenetraube. com | €€*

FREIZEIT & SPORT
ERLEBNISBAD AQUARIA
Das Bad hat eine Wasserrutsche und ein Erlebnisbecken mit Durchgang zu Freibad und Liegewiese. *Winter:*

Mo 13–21, Di, Do/Fr 6–21, Mi, Sa/So 8–21, Sommer: Mo 13–20, Di–So 8–20 Uhr | Eintritt 4,20 Euro | Rosenauer Str. 32 | www.suec.de

AM ABEND
CLUB CALUROSO ▶▶
Die Disko im coolen, schwarz-roten Ambiente lässt es gern hiphoppen. Wechselnde DJs. *Steinweg 36 | www.caluroso.de*

LANDESTHEATER COBURG
Drei-Sparten-Haus mit eher konventionellem Programm. *Schlossplatz 6 | Tel. 09561/89 89 89 | www.landes theater-coburg.de*

AUSKUNFT
TOURIST-INFORMATION STADT UND LAND COBURG
Herrngasse 4, 96450 Coburg | Tel. 09561/741 80 | www.coburg-tourist. de

ZIELE IN DER UMGEBUNG
BAD STAFFELSTEIN [121 F3]
Das rot-weiße *Fachwerkrathaus* mit dem kleinen Glockenturm prägt die Stadt (10 600 Ew., 25 km) am Fuß des *Staffelbergs.* Von dessen � Hochplateau (539 m) haben Sie einen fantastischen Rundblick. Bad Staffelstein ist der Geburtsort von Adam Ries, der von hier aus einer Nation das Rechnen ohne Finger beibrachte. An ihn erinnert das kleine *Stadtmuseum* in der Kirchgasse *(14. Nov.–März Di, Sa 14–16, April–Okt. Di–Fr 10–12, 14–17, Sa/So 14–17 Uhr | Eintritt 1 Euro | www.bad-staf felstein.de).* Nach dem Abstieg vom Staffelberg können Sie sich im Ortsteil Loffeld stärken, im *Bräustübl*

wird noch gekocht wie bei Oma, die Bratwürste sind berühmt *(Mo geschl. | Mühlteich 4, Bad Staffelstein-Loffeld | Tel. 09573/59 25 | €)*. Die *Obermain-Therme* in Bad Staffelstein halten viele für die schönste Therme der gesamten Region. Riesiges Thermenmeer, Saunaland u. v. m. *(tgl. 8–21, Do/Fr/Sa bis 23 Uhr, Saunaland tgl. ab 9 Uhr | Eintritt ab 8 Euro | Am Kurpark 1 | Tel. 09573/961 90 | www.obermaintherme.de)*.

KLOSTER BANZ   [121 F3]

Schon von Weitem sehen Sie auf dem Berg (16 km) gegenüber Vierzehnheiligen Doppeltürme und Dachlandschaft von Kloster Banz (gegründet im 11. Jh.). Die barocke *Klosterkirche* erscheint von außen fast klein, aber innen erzeugen die prächtig geschmückten Kuppeln ein Gefühl von Weite. Das Kunststück gelang den Architektenbrüdern Leonhard (1660 bis 1707) und Johann Dientzenhofer (1663–1726). Nach der Säkularisation kaufte 1814 Herzog Wilhelm von Bayern das Kloster und benannte es in Schloss Banz um. Von ihm stammt auch der Kaisersaal. *Kirche tgl. 9–12, 14–16, Klosterführungen Mi/Do ab 14 Uhr, sonstige Führung nach Vereinbarung | Tel. 09573/73 11 | Führung 2 Euro | www.tourismus verein-badstaffelstein.de*

VIERZEHNHEILIGEN ⭐   [122 A3]

Die Fassade scheint zu atmen, so bewegt hat Balthasar Neumann (1687 bis 1753) sein Hauptwerk (1743–72) gestaltet. Während außen alles auf den Blick aus der Ferne und auf das gegenüberliegende Kloster Banz ausgelegt zu sein scheint, ist innen Raumwirkung das Thema. In Frankens bedeutendster Wallfahrtskirche (15 km) kann die Fülle an Stuck, Statuen, Ornamenten und Altären nicht ablenken vom eigentlichen Hauptakteur: dem Licht, das die Fenster in das Oval des Kirchenraums lenken. Frei und mitten im Raum steht der geschwungene Altar mit Baldachin und drei Etagen sich türmender Nothelfer. *Tgl. 8–17.30 Uhr | www.vier zehnheiligen.de*

WILDPARK UND SCHLOSS TAMBACH   [121 F3]

Die prächtige, weitläufige Barockanlage (Ende 18. Jh., 20 km) lässt erahnen, warum der Bauherr, ein Zisterzienserabt, kurz nach Fertigstellung wegen Verschwendungssucht abgesetzt wurde. Auf 50 ha Wildpark sehen Sie Hoch- und Niederwild. Es gibt Angelmöglichkeiten, Spielplätze, Reitgelegenheit, einen Naturlehrpfad, das Jagd- und Fischereimuseum sowie den Bayerischen Jagdfalkenhof. *Tgl. 8–18, Flugvorführungen März–Okt. 11 und 15, Mai–Aug. auch So 17 Uhr | Eintritt 6,80 Euro | Schlossallee 3 | www. wildpark-tambach.de*

NATURPARK FRANKEN-WALD

[122 B–C 1–3] Mit einer Bewaldung von über 50 Prozent gehört er zu den waldreichsten Gebieten Bayerns. Hier ist es so friedlich und abgeschieden, dass sogar wieder Wölfe gesichtet wurden. Rund um das kleine *Presseck*

(2000 Ew.) sehen Sie auf Ihren Wanderungen zahlreiche Mühlen und beeindruckende Naturdenkmäler wie die riesige, gespaltene *Max-Linde (www.markt-presseck.de).* Die *www.friedrich-wilhelm-stollen.de | Eintritt 3,50 Euro).* Neben Hof und Kronach gehört der Kurort Bad Steben zu den bekanntesten Orten im Frankenwald.

Irdischer Lohn für die Mühen der Wallfahrt ist die Barockpracht in Vierzehnheiligen

Selbitz rauscht romantisch durchs Höllental. Im Flusslauf liegen riesige, farnbewachsene Felsquader. Teufelsfelsen, Teufelstreppe und Teufelssteg heißen die Sehenswürdigkeiten. Sehenswert sind außerdem die Besucherbergwerksstollen, etwa der *Friedrich-Wilhelm-Stollen (150 m vom Eingang zum Höllental | März–Nov. Sa/So 10–17 Uhr stündlich Führung | Tel. 09288/216 |*

■ SEHENSWERTES ■

WASSERSCHLOSS MITWITZ

Eines der schönsten fränkischen Wasserschlösser ist das mittelalterliche Schloss Mitwitz mit seinen Wallgräben, Türmen, Schießscharten und dem großen Landschaftspark. Im Schlosspark mit riesigen, alten Bäumen und einem kleinen See kann man Boot fahren, angeln, reiten oder am Pool mit Liegewiese ausspannen.

Im Sommer ist das Schloss stimmungsvolle Kulisse für Konzerte und andere Events. *Führungen Mai–Sept. Sa 14.30, So 11 und 14 Uhr | Eintritt 3 Euro | Unteres Schloss 5 | www.mitwitz.de*

■ ESSEN & TRINKEN

ADELSKAMMER

Im winzigen Bad Stebener (200 Ew.) Ortsteil Carlsgrün finden Sie das 400 Jahre alte Gasthaus. Hier kommt alles aus eigenem Anbau, der Herd wird noch mit Holz geschürt, und es gibt typische Frankenwaldküche, etwa Krumba, ein deftiges Gericht aus Schweinebraten, Klößen, Sauerkraut und Blutwurst. *Di geschl. | Dorfplatz 10, Bad Steben-Carlsgrün | Tel. 09288/84 40 | www.adelskammer.de | €–€€*

GASTHOF WASSERSCHLOSS MITWITZ

Gleich gegenüber dem beliebten Ausflugsziel bietet der gemütliche Hotelgasthof mit regionaler Küche als besondere Attraktion ein zünftiges Ritteressen. *Mo geschl. | L.-Freiherr-von-Würtzburg-Str. 14, Mitwitz |*
Tel. 09266/96 70 | www.hotel-wasserschloss.de | €–€€

■ ÜBERNACHTEN

ADELSHOF

Direkt neben der Adelskammer in Carlsgrün schlafen Sie in einem Bauernhaus am Waldrand. Der Adelshof hat fünf Ferienwohnungen, die einfach, aber gemütlich eingerichtet sind. *Dorfplatz 10, Bad Steben-Carlsgrün | Tel. 09288/84 40 | www.adelskammer.de | €–€€*

■ AUSKUNFT

NATURPARK FRANKENWALD

Güterstr. 18, 96317 Kronach | Tel. 09261/67 82 42 | www.naturpark-frankenwald.de

■ ZIELE IN DER UMGEBUNG

JODITZ   [123 D2]

In dem 350-Einwohner-Dörfchen wuchs Jean Paul Richter (1763 bis 1825) als Sohn des Pfarrers auf und hat seine Liebe zu Joditz literarisch verarbeitet. Die Dorfkirche *St. Johannes* enthält eine pikante Besonderheit. Der Christus auf dem Kan-

> KNOLLEN UND KLÖSSE
Der wahre Ursprung der Kartoffel

Weithin verbreitet ist die Vorstellung, Friedrich der Große (1712–86) habe die Kartoffel in Deutschland eingeführt. Doch damit liegt man um mindestens einhundert Jahre falsch. Denn bereits im Dreißigjährigen Krieg (1618–48) begannen die vom Hunger schwer geplagten Oberfranken rund um Hof damit, die Knolle anzubauen. Laut Geschichtsforschung war es ein Hans Rogler aus Rehau, der 1647 zum ersten Mal die Kartoffel kultivierte. Da diese Pioniere damit nicht nur den Hunger stillten, sondern zugleich den Siegeszug des berühmten fränkischen Kartoffelkloßes auslösten, setzte man ihnen im Rehauer Stadtteil Pilgramsreuth 1990 im Kirchhof ein Denkmal: Die Bronzeskulptur zeigt einen Bauern und eine Bäuerin beim Kartoffelanbau.

zeldach zeigt auf der Rückseite seinen entblößten Hintern. Unter Jean-Paul-Verehrern landauf, landab bekannt ist das schrullige *Jean-Paul-Museum* des Hofer Buchhändlers

senthal oder Villeroy & Boch verbunden ist. Im *Porzellangässchen* wurde aus über 55 000 Porzellanfliesen ein wahrhaft teures Pflaster geschaffen. Wasser und Keramik gehen

Die Vielfalt der Porzellankunst zeigt das Porzellanikon in Hohenberg

Eberhard Schmidt. Hier sehen Sie seltene Erstausgaben und manche Kuriosität, etwa den Dichter selbst – als Puppe *(geöffnet n. Vereinbarung | Tel. 09285/81 88 | Eintritt 2 Euro | Schlegelweg 2 | www.jean-paul-museum.de). www.gemeinde-koeditz.de*

SELB [123 F3]

Die 16 500-Einwohner-Stadt liegt inmitten von Wäldern an der Grenze zur Tschechischen Republik und ist weltweit für ihre Porzellanindustrie bekannt, die hier um 1857 begann und heute noch mit Namen wie Ro-

am *Keramikbrunnen (Martin-Luther-Platz)* eine ästhetisch gelungene Verbindung ein. Einmalig dürfte das *Glockenspiel* aus echtem Meissner Porzellan sein, dessen 22 Glocken täglich um 11, 13, 15 und 17 Uhr vom Rathaus erklingen. Vier Museen zeigen Porzellandesign, die Fertigungsprozesse und Industrieporzellan *(Porzellanikon Selb, drei Museen: Di–So 10–17 Uhr | Eintritt 5 Euro | Werner-Schürer-Platz 1; Porzellanikon Hohenberg: Di–So 10–17 Uhr | Eintritt 3 Euro | Freundschaft 2 | www.porzellanikon.org). www.selb.de*

> LAND DER BERGE, LAND DES MAINS

Franken erobern Sie am besten per Rad oder in Wanderstiefeln

Die Touren sind auf dem hinteren Umschlag und im Reiseatlas grün markiert

1 PER RAD AUF WEINTOUR IN DER MAINSCHLEIFE

Entlang des Mains, der zwischen Würzburg und Schweinfurt ein Dreieck, die sogenannte Weininsel, bildet, gibt es herrliche Radwege zwischen einigen der schönsten Weindörfer Frankens. An manchen Stellen können Sie mit den wenigen erhaltenen Mainfähren übersetzen. Neben altem Fachwerk setzen die Weinorte zunehmend auf moderne, innovative Architektur, in der Sie kleine Ausstellungen sehen und die berühmten Tropfen kennenlernen können. Die Rundtour beginnt und endet in Dettelbach an der Mainschleife. Für die 27 km sollten Sie 3 Stunden reine Fahrzeit rechnen.

Start ist in Dettelbach. Sie folgen dem offiziellen Radweg zwischen dem Main und der B22 in Richtung Schwarzach und kommen nach Schwarzenau. Der Radweg führt über eine Brücke zum anderen Mainufer.

Bild: Mainschleife bei Dettelbach

AUSFLÜGE & TOUREN

Von Weitem ist die riesige **Abtei Münsterschwarzach** in Schwarzach zu sehen. Die Abtei ist eine der bedeutendsten Niederlassungen der Benediktiner in Deutschland. Die modern umgebauten Gebäude haben ihre Ursprünge im 8. Jh. Rasten Sie kurz, und besichtigen Sie die Kirche und die beeindruckende Anlage. Nun geht es weiter, bis Sie auf die Mainschleuse Gerlachshausen treffen. Die Brücke darüber führt auf die ruhige Kreisstraße nach **Sommerach**. Kehren Sie im **Gasthof Lamm** ein und lassen sich im herrlichen Innenhof oder im Gewölbe des wunderschön hergerichteten alten Weinguts mit feinen fränkischen Spezialitäten von Spargel über Fisch bis Wild verwöhnen *(Nov. bis März Di geschl., sonst tgl. | Hauptstr. 2 | Tel. 09381/93 77 | www.strobel-lamm.de | €€)*. Nach 300 m stoßen Sie noch innerorts auf den *Winzerkeller Sommerach,* wo klassischer Wein

Insider Tipp

mit moderner Architektur zusammengeführt wird. Das Konzept, das für das neue, junge Image des Frankenweins steht, erhielt kürzlich sogar den Bayerischen Staatspreis. Es gibt eine schöne Probierstube aus Muschelkalk, eine kleine Weinbar zwischen Reben und einen Weinshop. Die Mitarbeiter geben Ihnen gern jede Menge Informationen zum Thema Wein *(Mo–Fr 9–18, Sa/So 10–18 Uhr | Zum Katzenkopf 1 | Tel. 09381/806 10 | www.winzer-sommer ach.de)*.

Nun geht es weiter den idyllischen Altmain entlang auf der Straße nach **Nordheim**. Hier besuchen Sie die zentral gelegene *Vinothek Divino (Di/ Mi 13.30–14.30, Fr 16.30–17.30 Uhr, Mo, Do 14.30 mit Führung | Langgasse 33 | Tel. 09381/809 90 | www.divino-nordheim.de)*. In dem Bau im barocken Zehnthof (16. Jh.) erfahren Sie Wissenswertes rund um den Wein, in Vitrinen mit Gewürzen, Früchten und Duftauszügen trainie-

Insider Tipp

ren Sie Zunge und Gaumen. Wenn Sie wissen möchten, wie ein Münsterschwarzacher Abt seine Sommerfrische verbrachte, fragen Sie im Divino nach der erst kürzlich renovierten, mit Fresken bemalten Zehntkapelle (1755), die zu besichtigen ist.

Am Mainufer setzen Sie nun mit der Fähre *(Sommer Mo–Sa 6–20, So 7–20 Uhr)* über ins gegenüberliegende **Escherndorf**, ebenfalls ein sehr bekannter Weinort. Von dort verläuft die 12 km lange Rückfahrt auf der wenig befahrenen Kreisstraße, die sich romantisch durch die Weinberge schlängelt und Sie durch die kleinen Orte Köhler und Neuses am Berg führt. Der ✹ *Neuseser Berg* ist zwar etwas steil, aber auf der Anhöhe haben Sie einen herrlichen Rundblick, der Sie bei gutem Wetter die Rhön (80 km), Würzburg (20 km) und das weite Maintal überblicken lässt. Von hier aus geht es jetzt nur noch bergab bis nach Dettelbach. Lassen Sie die Tour in der rustikalen **Alten Schmiede**

Nicht nur durch Weinberge, auch vorbei an Wiesen und Obstbäumen führt der Main-Radweg

bei fränkisch-saisonaler Küche und örtlichen Weinen ausklingen *(Di geschl. | Am Bach 5–7 | Tel. 09324/881 10 | www.alte-schmiede. de | €–€€).*

2 ENTLANG DEN BASALT-SÄULEN DER RHÖN

Üppige Trockenwiesen, dichte Laub-wälder und markante Naturdenkmä-ler aus natürlichen Basalten finden sich im nördlichsten fränkischen Mittelgebirge dicht an dicht. Bei Oberelsbach gibt es eine besonders schöne Ecke mit offen lie-genden Basaltstelen. Die Tour beginnt und endet in Oberelsbach. Länge: 15 km, Dauer der Wanderung: ca. 5–6,5 Stunden.

An der Informationsstelle des **Bio-sphärenreservats** beginnt die Tour. Hier informiert Sie eine Ausstellung über die Rhön, u. a. mit drei Dioramen über die vulkanische Entstehung und die erste Besiedlung und natürlich über das Rhönschaf, das Maskott-chen des Biosphärenreservats *(Mi bis Mo 10–17 Uhr | Oberwaldbehrunger Str. 4 | Oberelsbach | Tel. 09774/ 91 02 50 | www.naturpark-rhoen.de).* Sie gehen Richtung Sportplatz und folgen ab da dem Wanderhinweis mit einem grünen „Ö". In etwa andert-halb Stunden Fußmarsch durchstrei-fen Sie einen Wald mit altem Baum-bestand und einer fast zugewachse-nen *Gebetsgrotte.* Daran vorbei gelangen Sie zum **Basaltsee.** Zum Ba-den ist das Wasser zu sumpfig. Der See hat seinen Namen von einer etwa 6 m hohen, imposanten Wand aus steil nach oben ragenden, sechskanti-gen Basaltsäulen am Ufer. Es gibt ei-nen kleinen Kiosk *(Mo geschl.).* Sie folgen von dort aus höchstens eine

halbe Stunde dem Wanderhinweis „H" zum **Maihügel** (775 m). Hier haben Sie einen herrlichen Blick auf die Rhön und ihre Gipfel. Von die-sem Punkt aus folgen Sie ca. eine Stunde dem roten Pfeil des Wander-wegs HWO 5 durch Wälder und an üppigen Lupinenwiesen entlang, bis Sie an der bewirtschafteten **Thüringer Hütte** ankommen. Die beliebte Berg-hütte bietet gutbürgerliche Küche in rustikalem Ambiente *(Di geschl. | Tel. 09779/562 | €).* Weiter geht's dem grünen Pfeil folgend in Rich-tung **Gangolfsberg.** Hier haben Sie die Wahl: Entweder Sie wandern knapp zwei Stunden auf einem sehr schönen **Rundlehrpfad des Biosphärenre-servats,** der Ihnen auf Infotafeln das umgebende Naturwaldreservat er-klärt. Oder Sie gehen direkt weiter (1 Stunde) bis zur sogenannten **Prismen-wand,** wo in einem eindrucksvollen Panorama unzählige sechskantige Basaltsäulen aus dem Berg ragen. In der Nähe finden Sie die kleine **Teu-felshöhle.** Ab hier folgen Sie dem ro-ten Pfeil der Wandermarkierung. Er führt Sie entlang des Bachs Els durch das herrliche **Naturschutzgebiet Mühlwie-sen,** das im Frühling eine wahre Blu-men- und Kräuterpracht ist.

Nach 1,5 Stunden sind Sie wieder in Oberelsbach. Wenn Sie wissen wollen, wie hervorragend der Fisch aus den klaren Rhönbächen schmeckt: Die *Fischerhütte Edwin* im Ortsteil Ginolfs ist ein echter Ge-heimtipp. Der moderne Bau direkt am Bach hat eine herrliche Terrasse, die Küche ist spitze *(Mo/Di geschl. | Herbertsweg 1 | Oberelsbach-Ginolfs | Tel. 09774/85 83 38 | www.fischer huette-edwin.de | €–€€).*

EIN TAG IN UND UM BAMBERG

Action pur und einmalige Erlebnisse.
Gehen Sie auf Tour mit unserem Szene-Scout

KRAFT TANKEN

9:00

Im *Milch & Zucker* serviert Claudia Kohler supercremigen Cappuccino und hausgemachte Kuchen. Einfach das Lieblingsstück an der Theke aussuchen, und an einem der Bistrotische oder im Sommer auf der Terrasse Platz nehmen und genießen! **WO?** *Schulstr. 2, Ebermannstadt | Tel. 09194/79 55 10 | www.cafe-milch-und-zucker.de*

10:30

ZORBING FÜR 2

Bitte einsteigen! Die Zorbingkugel wartet. Etwas weniger als 3 m³ Platz bleibt zwei Abenteuerlustigen in der aufgeblasenen Kunststoffkugel. Die Devise: gut festhalten, denn mit Speed rollt man den Berg hinab und wird dabei ganz schön durchgeschüttelt. **WO?** *Aktiv Reisen GmbH, Forchheimer Str. 14, Muggendorf | Kosten: 35 Euro | Anmeldung unter Tel. 09196/99 85 66 | www.ak tiv-reisen.com*

LUNCH IN BAMBERG

13:30

Wer durch die schwere Holztür des *Ambräusianums* tritt, befindet sich in einem urigen Gasthaus. Ein absolutes Muss sind hier die original fränkischen Krustenschäufele in Biersauce mit Wirsing und Kloß. Deftig, heftig – aber superlecker! **WO?** *Dominikanerstr. 10, Bamberg | Tel. 0951/509 02 62 | www.ambraeusianum.de*

14:30

RADLTOUR IM HAIN

Rauf auf den Sattel, in die Pedale treten und den Spuren von E. T. A Hoffmann folgen! Im Bamberger Stadtpark Hain, zwischen linkem und rechtem Regnitzarm, soll er den sprechenden Hund Berganza getroffen haben. Daran erinnert ein Denkmal, das Radler auf ihrer Tour durch die wunderschöne Parkanlage entdecken. **WO?** *Fahrrad Dratz, Pödeldorfer Str. 190, Bamberg | Kosten: 10 Euro | Tel. 0951/124 28 | www.fahrrad-dratz.de | Sa/So nur vormittags*

24 h

BIERKENNER-TOUR

16:00

Mit Bastian Böttner und Markus Raupach, den Autoren des *Bierkellerführers Franken*, erkunden Liebhaber des Gerstensaftes vier der acht Brauereien Bambergs. Nach der Führung durch Produktionsstätten und die Lager im Keller darf probiert werden. Nach zwei bis drei Schlucken schmecken das Rauchbier und der Bierschnaps bestimmt! *WO? Bierkenner-Tour | Anmeldung unter Tel. 0951/519 41 66 | Kosten: 39 Euro bei 20 Personen | www.bamberg-guide.de*

19:30

ROMANTIK PUR!

In einer venezianischen Gondel schippert Gondoliere Luigi Romantikfans über den Regnitzkanal. Die Fahrt führt vorbei an Bauten des Weltkulturerbes, wie z. B. dem Alten Rathaus, das mitten in eine Brücke gebaut wurde. Nicht umsonst nennt man das historische Fischerviertel Klein-Venedig! *WO? Jobst & Riegel GbR | Treffpunkt: am Alten Kanal unter der Oberen Brücke, Bamberg | Anmeldung unter Tel. 0951/120 63 27 | Kosten: 60 Euro/30 Min. | www.gondel.info*

FISH-FUSION

20:00

Auf der Mühlenbrücke bietet der Chefkoch des Hotel-Restaurants *St. Nepomuk* feinste Fischgerichte an, die raffiniert mit der regionalen Küche verknüpft werden. Wie wäre es mit gegrilltem Lachs an Rieslingsauce auf Gemüsebeet? *WO? Obere Mühlbrücke 9, Bamberg | Tel. 0951/984 20 | www.hotel-nepomuk.de*

22:00

ABTANZEN ZU LIVEMUSIK

„Im Sand", wie ein Bamberger Viertel genannt wird, reihen sich die besten Clubs und Bars der Stadt aneinander. Besonders angesagt sind die Abende im *Live Club*, in dem fast täglich Livemusik gespielt wird und schon so mancher Künstler entdeckt wurde. *WO? Obere Sandstraße 7, Bamberg | Tel. 0951/50 04 58 | www.live-club.de*

> VIELSEITIGER AKTIVURLAUB

Ob zu Fuß, zu Wasser, auf dem Pferderücken oder aus der Luft – Franken lässt sich aus jeder Perspektive sportlich entdecken

> Fast jede Gemeinde Frankens hat eigene Wander- und Radwege und markierte Touren. Vereine und Clubs bieten eine Menge weiterer sportlicher Angebote vom Segelflug bis zum Fliegenfischen.

■ ANGELN

Wer die Ruhe am Wasser schätzt oder gar von einem kapitalen Hecht träumt, hat in Franken viele Möglichkeiten. Über den Erwerb von Fischerei- bzw. Gewässerscheinen geben der Ansbacher Anglerbund *(Do 14–17 Uhr | Tel. 0981/868 03 | www. anglerbund-ansbach.de)* oder die jeweilige Tourist-Info Auskunft *(www. dein-franken.de)*. Eine besondere Art des Angelns kann man in der ==*Flie-genfischerschule Hammermühle*== bei Manfred Hermann in der Fränkischen Schweiz in Waischenfeld lernen *(März–Nov. | ab 80 Euro | Tel. 09202/252 | www.fliegenfischerschu le-hammermuehle.de)*.

Insi Tip

SPORT & AKTIVITÄTEN

◼ BEACHVOLLEYBALL ◼

Die Zahl der Beachvolleyballplätze in Freibädern und Naherholungsgebieten wächst ständig. Wegen der schönen Aussicht macht das Spielen in einem der 18 Seenzentren des Fränkischen Seenlands besonderen Spaß. *Info beim Tourismusverband Fränkisches Seenland | Hafnermarkt 13 | 91710 Gunzenhausen | Tel. 09831/50 01 20 | www.fraenkische seen.de; www.beach-volleyball.de*

◼ BOOTSWANDERN ◼

Eine Bootswanderung bietet die Gelegenheit, die Naturschätze Frankens hautnah zu erkunden. Besonders schön paddeln können Sie auf der Saale von Bad Neustadt bis Hammelburg. Das sorgfältig angelegte Infosystem mit Wissenswertem rund um Flora und Fauna leitet Sie vorbei an Wäldern, Feldern und Schlössern im Naturpark Rhön. *Infos erteilt der Verein Naturpark & Biosphärenre-*

Insider Tipp

servat Bayer. Rhön e. V. | Oberwald-
behrunger Str. 4 | 97656 Oberelsbach
| Tel. 09774/91 02 60 | *www.natur
park-rhoen.de*. Auch die Altmühl
eignet sich wegen ihrer gemächli-
chen Fließgeschwindigkeit hervorragend. Infos: *www.altmuehltal.de*

Die Fränkische Schweiz – ein Dorado für Kletterer ...

FLIEGEN

Den Traum vom Fliegen erfüllen
viele Flugschulen, z. B. die *Flieger-
schule Wasserkuppe*. Im Angebot
sind Panoramaflüge *(ab 50 Euro)* sowie ein Schnuppertag *(180 Euro/
3 Flüge: Wasserkuppe 9–11, 36129
Gersfeld | Tel. 06654/364 | www.se
gelflugschule-wasserkuppe.de)*.
Noch unmittelbarer weht Paraglidern
der Wind um die Nase, Schnupper-
und Grundkurse (auch im Drachen-
fliegen) bei den *Rhöner Drachen-
und Gleitschirmflugschulen Wasser-
kuppe GmbH (Wasserkuppe 46 |
36129 Gersfeld | Tel. 06654/75 48 |
www.wasserkuppe.com)*.

FLOSSFAHRTEN

Über weite Strecken Holz zu trans-
portieren, das war früher die harte
Arbeit der Flößer. Beschwingter geht
es heute bei Fahrten auf dem Main
und seinen Nebenflüssen. Sehr beliebt sind die urigen Touren mit Bier
und Musik der Familie Göhl in Lich-
tenfels am Main *(Mai–Mitte Okt.
mehrmals wöchentlich | Lichtenfelser
Floßfahrten | Tel. 09571/75 77 20 |
www.lichtenfelser-flossfahrten.de)*.
Ein spritziges Vergnügen sind die
etwa 5 km langen Fahrten auf der
Wilden Rodach bei Wallenfels im
Frankenwald mit anschließender def-
tiger Brotzeit. *Juni–Aug. Sa, zu buchen beim Fremdenverkehrsamt Wal-
lenfels | Tel. 09262/945 21 | www.
wallenfels.de*

GOLF

Auf dem besten Weg zum Breiten-
sport bietet Golf Fitness und Erho-
lung für Schnuppergolfer und Fort-
geschrittene. Mit traumhaften Aus-

blicken und perfekt ausgestalteten Anlagen fügen sich die 38 Golfplätze Frankens in die natürliche Kulisse ein. *www.frankentourismus.de/golf*

KLETTERN

Die Kalkfelsen des Frankenjura machen die Fränkische Schweiz zu einer der beliebtesten Kletterregionen Europas. *Infos unter www.fraenkische-schweiz.com oder beim Deutschen Alpenverein, Sektion Forchheim | Tel. 09191/673 88*

RADFAHREN

Regelmäßig wird Franken vom Allgemeinen Deutschen Fahrrad-Club (ADFC) zu den fünf schönsten deutschen Fahrradregionen gezählt. Besonders beliebt sind die Routen entlang der idyllischen Flusslandschaften, z. B. der Altmühltal-Radweg. Entlang der Frankenmetropolen Aschaffenburg, Würzburg und Bamberg führt der Main-Radweg. Das liebliche Taubertal können Sie auf einem über 1500 km langen Radwegenetz entdecken. Die markanten Landschaften der Fränkischen Schweiz und des Fichtelgebirges locken Mountainbiker.

REITEN

Ein großes Angebot erwartet Pferdefreunde. Reitferien, Kutschfahrten oder geführte mehrtägige Touren mit Übernachtungsmöglichkeiten für Ross und Reiter finden Sie unter *www.wanderreiten-franken.de*.

SEGELN & SURFEN

Wer zu Wasser in seinem Element ist, dem bietet das Fränkische Seenland viele Sportmöglichkeiten. Ausgewiesene Surfufer finden sich am Brombachsee, am Altmühlsee und am Igelsbachsee *(www.seenlandportal.de)*, ein Segelcenter gibt es z. B. am Südufer des Altmühlsees im Seezentrum Wald *(April–Okt. | Tel. 0170/ 530 52 94 | www.segel-center.de)*.

... und Mountainbiker

WANDERN

Ebenfalls ausgezeichnet ist das 40 000 km umfassende Netz der Wanderwege. Der Deutsche Wanderverband prämierte bereits mehrere Qualitätswege in der Region. Natur und Kultur genießen Sie z. B. auf dem Premiumwanderweg Hochrhöner von Bad Kissingen nach Bad Salzungen oder dem Altmühltal-Panoramaweg. Auf die Spuren von Fürsten, Fuhrleuten und Pilgern begibt man sich auf dem Spessartweg 1. Außerdem gibt es interessante Themenwanderwege wie z. B. den Schneewittchen-Wanderweg von Schloss Lohr nach Biebergemünd. *www.frankentourismus.de/wandern*

> WILDSCHWEIN, HAI UND STERNENZELT

Ob gutes oder schlechtes Wetter – die Kids werden in den vielen
Freizeitparks, Museen und Zoos ihren Spaß haben

**> Für Familien mit Kindern ist Franken die
ideale Urlaubsregion. Einige der schönsten Wander- und Radrouten sind flach und
somit auch für junge Aktivurlauber geeig-
net. Die Wege führen an Flüssen entlang,
und so können Sie die Tour mit viel Spiel
und Badespaß gestalten.**

Franken besitzt einige der schönsten
Tierparks Deutschlands in wunder-
voller Landschaft. Wasserratten finden Freizeitbäder sowie zahlreiche
Baggerseen, die z. T. wunderschön

gelegen sind. Und für Regentage bieten sich Indoor-Spielplätze und die
vielen spannenden Museen an, die
regelmäßig Kinderführungen im Programm haben.

■ MITTELFRANKEN ■

ERLEBNISPARK
SCHLOSS THURN   [125 F1]
Im ehemaligen Park des Schlosses
(15. Jh.) sind auf einem riesigen Ge-
lände mehr als 30 Attraktionen und

> *www.marcopolo.de/franken*

MIT KINDERN UNTERWEGS

vier Shows versammelt. Eine Dampfeisenbahn, ein Drachenboot oder der Wasserbob sorgen für Tempo, Kutschfahrten führen in den Wilden Westen. Außerdem gibt es Klettertürme, Hüpfburgen, einen Streichelzoo und eine Märchenwelt. Waghalsige Ritter liefern sich zu Pferd Duelle, und ganz mutigen Besuchern wird im Survival Camp ein Tag lang erklärt, wie man in der Wildnis überlebt. *April–Okt. 10–17*

Uhr, genaue Öffnungszeiten s. Website | Eintritt ab 14,50 Euro, Kinder 12,50 Euro | Schlossplatz 4, Heroldsbach | www.schloss-thurn.de

NICOLAUS-COPERNICUS-PLANETARIUM NÜRNBERG [126 A2]

Insider Tipp

Das perfekte Programm für einen Regentag. Im Planetarium erklärt Professor Photon mit Multimediaeinsatz den Sternenhimmel und seine Geschichte vom Urknall über die

Sternennebel bis zu den heutigen Fixsternen. Die Kids begeben sich als Weltraumpolizisten auf die Suche nach verschwundenen Sternen. Für die ganz kleinen Besucher stehen spezielle Angebote wie Peterchens Mondfahrt auf dem Programm. *Tel. 0911/929 65 53) | Eintritt 6 Euro, Kinder 3,50 Euro | Am Plärrer 41 | www.planetarium-nuernberg.de*

PLAYMOBIL-FUN-PARK [125 F2]

Auf dem großen See in der Parkmitte wartet das 17-Meter-Piratenschiff darauf, geentert zu werden. Unweit davon steht die riesige Ritterburg mit Ziehbrücke, Thronsaal und Geheimgängen. Besonders beliebt sind die zahlreichen Wasserspiele. Bei schlechtem Wetter steht der Winterspielbereich mit Playmobil-Spielsachen aus den bekannten Themenwelten bereit. *4.4.–14.10. tgl. je nach Saison 9–18 bzw. 9–19 Uhr | Eintritt je nach Saison 7 bzw. 8 bzw. 10 Euro (ab 3 J.) | Brandstätterst. 2–10, Zirndorf | www.playmobil-funpark.de*

▬ UNTERFRANKEN ▬

FREIZEITLAND GEISELWIND [121 D6]

Hier können Sie in einem riesigen Weinkelch über einen Parcours wirbeln oder im Dinosaurierland die Tiere der Urzeit kennenlernen. Neben Shows wie den Acapulco-Springern und vielen Fahrattraktionen ist der Freizeitpark v. a. für seine großen Vogelvolieren bekannt. *April–Okt. 9–18, bis max. 20 Uhr (genaue Zeiten im Internet) | Eintritt 22,50 Euro, Kinder bis 1,10 m frei, bis 1,40 m 19,50 Euro | Wiesentheider Str. 25, Geiselwind | www.freizeitlandgeisel wind.de*

FUN-PARK-KINDERLAND [119 F4]

Indoor-Spielplatz, der auf 2000 m² Kletterwand, Trampolin, Bullriding, einen Kleinkinderbereich und vieles mehr bietet. Kiosk. *Mo–Fr 14.30 bis 18.30, Sa/So 12–19 Uhr | Eintritt 2,10 Euro, Tagesticket 2–5 Jahre 3,90 Euro, ab 6 Jahre 4,90 Euro | Werner-von-Siemens-Str. 16, Würzburg | www.kinderland-wuerzburg.de*

INDOOR-SPIELPARK POTZBLITZ [118 C3]

Die echte Schlechtwetteralternative! Die Kids (bis 12 Jahre) haben mit Kletterwand, Hüpfburg, Minibahn und einem Parcours für Autoskooter reichlich Auslauf und ein großes Spielangebot. Kleines Restaurant (€). *Mo–Fr 14–19, Sa/So 11–19 Uhr | Eintritt 2,90 Euro, Kinder 5,90 Euro | Dieselstr. 2, Aschaffenburg | www. potzblitz.info*

WILDPARK SOMMERHAUSEN [120 B6] Insi Tip

Schon am Eingang begrüßen kleine Bambis die Besucher. Entlang eines Rundwegs (1 Std.) durch den Wald ziehen Lamas vorbei, werden die unter der Baumrinde lebenden Tiere wie Asseln und Käfer erklärt und die berühmten Rhönschafe gezeigt. Füchse und Hängebauchschweine haben ein eigenes Gehege. Das beeindruckende Wildschweingehege mit Schlammkuhle und Schongehege für Ferkel ist ein echter Publikumsmagnet. Außerdem: Vogelvolieren und großer Spielplatz mit einer Wirtschaft (€). *Sommer: tgl. 10–18, Winter: tgl. 10–17 Uhr | Eintritt 3 Euro, Kinder 1,50 Euro | Umweltstation Wildpark Sommerhausen, An der Tränk | www.umwelt station-wildpark.de*

KINDERN UNTERWEGS

OBERFRANKEN

FALKNEREI BURG RABENSTEIN [122 B5]

Vor der eindrucksvollen Kulisse der Burg Rabenstein (11. Jh.) sehen Sie die großen, ausgewachsenen Greifvögel in ihren Volieren und im Frühjahr die frisch geschlüpften Eulen und Adler. Flugvorführungen jeweils um 15 Uhr. *April–Okt. Di–So 11–17 Uhr | Eintritt (Volierenbesuch und Flugvorführung) 6 Euro, Kinder 4 Euro | Burg Rabenstein 34, Ahorntal | www.falknerei-rabenstein.de*

SEA-STAR-AQUARIUM COBURG [121 F2]

Hier erleben Sie die Welt unter Wasser, etwa den 110 Pfund schweren Scharfzahnmarderhai und den giftigen Stachelrochen. Insgesamt 2000 Tiere in den 53 Becken sind nach neun Themenbereichen geordnet, etwa „Räuber im Wasser". Bei der Schaufütterung (außer Di, Fr) steigt um 15 Uhr ein Taucher ins Becken. *April–Sept. Sa–Do 13–17 (außer Brückentage und bayerische Ferien), Okt.–März Sa/So 13–17.30 Uhr | Eintritt 6 Euro, Kinder 4 Euro | Stockäckerstr. 4 | www.sea-star.de*

URWELTMUSEUM BAYREUTH [122 C5]

Das Urweltmuseum ist ein Traum für alle Dinofans und Forschergeister: Im Garten stehen lebensgroße Dinosauriermodelle. Innen erklärt ein begehbarer Goldkristall, wie man sich den Aufbau eines Atoms vorzustellen hat. Wie ein Bär fühlen sich die kleinen Besucher danach in der Bärenhöhle. *Jan.–Dez. Di–So 10–17 Uhr | Eintritt 2 Euro, Kinder 0,80 Euro | Kanzleistr. 4 | www.urweltmuseum.de*

Spritzige Wildwasserfahrt vor royaler Kulisse in Geiselwind

ANREISE

Franken ist verkehrstechnisch sehr gut angebunden, da sich hier die wichtigsten Ost-West- und Nord-Süd-Verbindungen Europas treffen. Der Nürnberger Flughafen ist ein zentral gelegener, moderner Airport, weitere Verkehrsflughäfen sind in Hof und in Bayreuth. Über zahlreiche ICE-Verbindungen kommen Sie auch über den zentralen DB-Verkehrsknotenpunkt Würzburg oder aus Nürnberg aus allen Richtungen schnell an. In Franken treffen mit der A7, der A3, der A9 und mehreren anderen Autobahnen gut ausgebaute Fernstraßen aufeinander. In den Ferien sollten Sie sich aber überlegen, möglichst schnell auf Bundesstraßen wie die Romantische Straße (B2) abzufahren, denn ab Aschaffenburg, um das Würzburger Dreieck und im Großraum Nürnberg gibt es oft kilometerlange Staus.

AUDIOGUIDE

Vor einigen Sehenswürdigkeiten in Ansbach, Bayreuth, Nürnberg, dem Naturpark Frankenwald und anderen touristisch wichtigen Orten werden Sie Hinweistafeln mit Telefonnummern finden. Wenn Sie dort anrufen, bekommen Sie drei- bis vierminütige Informationen über geschichtliche und kulturelle Hintergründe des jeweiligen Objekts. Die Tarife richten sich nach dem Minutenpreis ihres Handyanbieters ins deutsche Festnetz. Das Angebot dieser Audioguides wird ständig erweitert.

AUSKUNFT

TOURISMUSVERBAND FRANKEN E. V.
Wilhelminenstr. 6, 90461 Nürnberg | Tel. 0911/94 15 10 | www.frankentourismus.de

TOURISMUSVERBAND FRÄNKISCHES WEINLAND
Am Congress-Centrum, 97070 Würzburg | Tel. 0931/37 23 35 | www.fraenkisches-weinland.de

TOURIST INFORMATION FRÄNKISCHES SEENLAND
Haffnermarkt 13, 91710 Gunzenhausen | Tel. 09831/50 01 20 | www.fraenkischeseen.de

TOURIST INFORMATION RHÖN
Rhönstr. 97, 97772 Wildflecken-Oberbach | Tel. 09749/912 20 | www.rhoen.de

TOURIST INFORMATION ROMANTISCHES FRANKEN
Gemeinschaftszentrum Frankenhöhe, Am Kirchberg 4, 91598 Colmberg | Tel. 09803/941 41 | www.romantisches-franken.de

BAHN

Die DB-Regio bietet in ganz Franken Angebote mit Bonussystemen an, mit dem Wochenendticket kommt man etwa in Oberfranken ermäßigt in öffentliche Museen. An bis zu 30 Wochenenden fahren Nahverkehrszüge im Würzburger Raum unter dem Motto „Weinerlebnis Franken" in bekannte Weinorte im Umkreis. Gegen

WAS KOSTET WIE VIEL?

> **BRATWURST** 2 EURO
> am Würstchengrill

> **BIER** 2,50 EURO
> für 0,4 l Bier der lokalen Brauerei

> **WEIN** AB 3 EURO
> für eine Flasche Frankenwein

> **SPARGEL** 7 EURO
> für ein Kilo, Handelsklasse 1 (weiß)

> **THERME** AB 8 EURO
> Besuch in einer der Thermen

> **FAHRKARTE** AB 8 EURO
> für eine Schiffsfahrt auf dem Main

Vorlage des Tickets erhalten Sie dort Ermäßigungen bei einer Menge Veranstaltungen rund um das Thema Wein. Die Angebote wechseln häufig, aktuelle Faltbroschüren mit Informationen erhalten Sie an allen fränkischen Bahnhöfen.

BERGRETTUNG

Die Bergwacht Bayern (BWB) ist in ganz Franken im Einsatz und über *Tel. 112* zu erreichen. Auf deren Homepages finden Sie Auskünfte über die Stationen sowie wichtige Hinweise zur Tourenplanung und zum richtigen Verhalten in Gefahrenzonen *(Unterfranken und das Gebiet der Hessischen Rhön: www.berg wacht-wasserkuppe.de, Ober- und Mittelfranken: www.bergwacht-bay ern.org/2182.0.html).*

CAMPING

Gerade entlang der Flüsse, an den großen Badeseen und in den Mittelgebirgen gibt es viele schöne, gepflegte Campingplätze. Auch die kleineren Kommunen erweitern ihre Angebote und stellen Wohnmobilplätze mit Strom- und Wasserversorgung sowie Toiletten auf gut erreichbaren Plätzen zur Verfügung. Aussagekräftige Informationen zur Lage (mit Karte) finden Sie etwa auf *www.rentocamp.de* oder beim *Deut-*

schen Camping Club (Mandlstr. 28 | 80802 München | Tel. 089/380 14 20 | www.camping-club.de).

EINTRITTSPREISE

In vielen Städten Frankens gibt es mittlerweile Verbundsysteme zwischen einzelnen Museen. An den Kassen bekommen Sie auf Anfrage Karten, mit denen Sie gleich mehrere Ausstellungen zu einem günstigen Preis besuchen können. Die *Nürnberg Card* etwa kostet nur 19 Euro, bringt aber zwei Tage lang große Vorteile: In Nürnberg und Fürth können Sie alle öffentlichen Verkehrsmittel umsonst benutzen. In Nürnberg, Fürth und Schwabach besuchen Sie 49 Sehenswürdigkeiten kostenfrei. Bei den vier ständigen Nürnberger Stadtführungen sparen Sie zehn bis 25 Prozent. In Nürnberger und Erlanger Geschäften gewährt man Preisnachlässe. Kabaretts, Theater und Kinos erlassen Ihnen zehn bis 20 Prozent des Eintritts. Die Karte können Sie erwerben, wenn Sie mindes-

WETTER IN NÜRNBERG

Jan.	Feb.	März	April	Mai	Juni	Juli	Aug.	Sept.	Okt.	Nov.	Dez.
2	3	9	13	18	22	23	23	20	13	7	2
Tagestemperaturen in ºC											
−4	−4	−1	3	7	10	12	12	9	5	1	−3
Nachttemperaturen in ºC											
2	3	4	6	7	8	7	7	6	3	2	1
Sonnenschein Std./Tag											
17	15	13	14	14	15	16	15	12	14	14	15
Niederschlag Tage/Monat											

PRAKTISCHE HINWEISE

tens eine Nacht in einer dieser vier Städte im Hotel oder auf dem Campingplatz buchen *(www.tourismus-nuernberg.de)*. Fragen Sie bei den Tourismus-Informationen anderer Städte nach ähnlichen Angeboten.

■ INTERNET ■■■■■■■■■■■

www.franken-wiki.de – Aktuelles und Wissenswertes zu ganz Franken. Das Projekt im Stil von Wikipedia, von den Nürnberger Nachrichten betreut, ist interaktiv und wird täglich mit neuen fränkischen Inhalten gefüllt; *www.franken-weinland.de* – alles rund um den Wein, von der Winzersuche bis zum Buchtipp; *www.br-on line.de/studio-franken* – tägliche Nachrichten zu Regionalwetter, Verkehr sowie Sport und Kultur aus Franken; *www.frankentourismus.de* – offizielle Site des Tourismusverbands Franken. Infos zu Kultur und Kulinarik, zahlreiche Links zu regionalen Freizeit- und Übernachtungsmöglichkeiten; *www.historisches-franken.de* – reine Museumssite, die einen Überblick über Inhalt, Eintritt und Öffnungszeiten einer großen Zahl von Sammlungen verschafft; *www.franken-bauernhofurlaub.de* – Die Site des Bayerischen Bauernverbandes vermittelt auf einer übersichtlichen Karte Urlaub bei rund 1600 fränkischen Anbietern.

■ INTERNETCAFÉS & WLAN ■■■

In den größeren Universitätsstädten finden Sie zahlreiche Internetcafés, auf dem flachen Land wird das eher schwierig. Achten Sie daher bei der Zimmersuche darauf, ein Hotel mit Internetzugang zu buchen. Hier sind mittlerweile viele Hotels auch außer-

halb der Ballungsräume entsprechend ausgestattet und gewähren den Service auch oft kostenfrei.

■ JUGENDHERBERGEN ■■■■■

Günstig übernachten kann hier jeder, der einen Ausweis besitzt (Einzelreisende bis 26 Jahre, darüber nachrangige Aufnahme). Die Jugendherbergen sind im DJH-Landesverband organisiert (diverse Aktionstage und Schnupperwochenenden). *Deutsches Jugendherbergswerk Landesverband Bayern e.V. | Mauerkircherstr. 5, München | Tel. 089/922 09 80 | www. jugendherberge.de/bayern*

■ KIRCHEN ■■■■■■■■■■

Die meisten evangelischen Kirchen sind außerhalb der Gottesdienste abgesperrt. Es kann Ihnen aber auch einmal bei einer katholischen Kirche passieren, dass Sie diese verschlossen vorfinden. Gerade in abgeschiedeneren Orten kann das tagsüber der Fall sein. Fragen Sie einfach im örtlichen Pfarrhaus nach, man wird Ihnen wahrscheinlich nicht nur aufschließen, sondern Ihnen auch eine kleine Führung anbieten.

■ SCHIFFSFAHRTEN ■■■■■

Der Main, der ganz Franken durchfließt, ist über den Rhein-Main-Donau-Kanal sowohl an den Norden als auch den Süden Europas gut angebunden, was man an den vielen riesigen Flusskreuzfahrtschiffen, etwa aus der Schweiz, sieht, die hier häufig verkehren. Aber auch zu gemütlichen, kleinen Hafenrundfahrten oder mehrstündigen Ausflügen können Sie sich in Aschaffenburg, Würzburg oder Bamberg begeben.

Residenz in Würzburg

> UNTERWEGS IN FRANKEN

Die Seiteneinteilung für den Reiseatlas finden Sie auf
dem hinteren Umschlag dieses Reiseführers

REISE
ATLAS

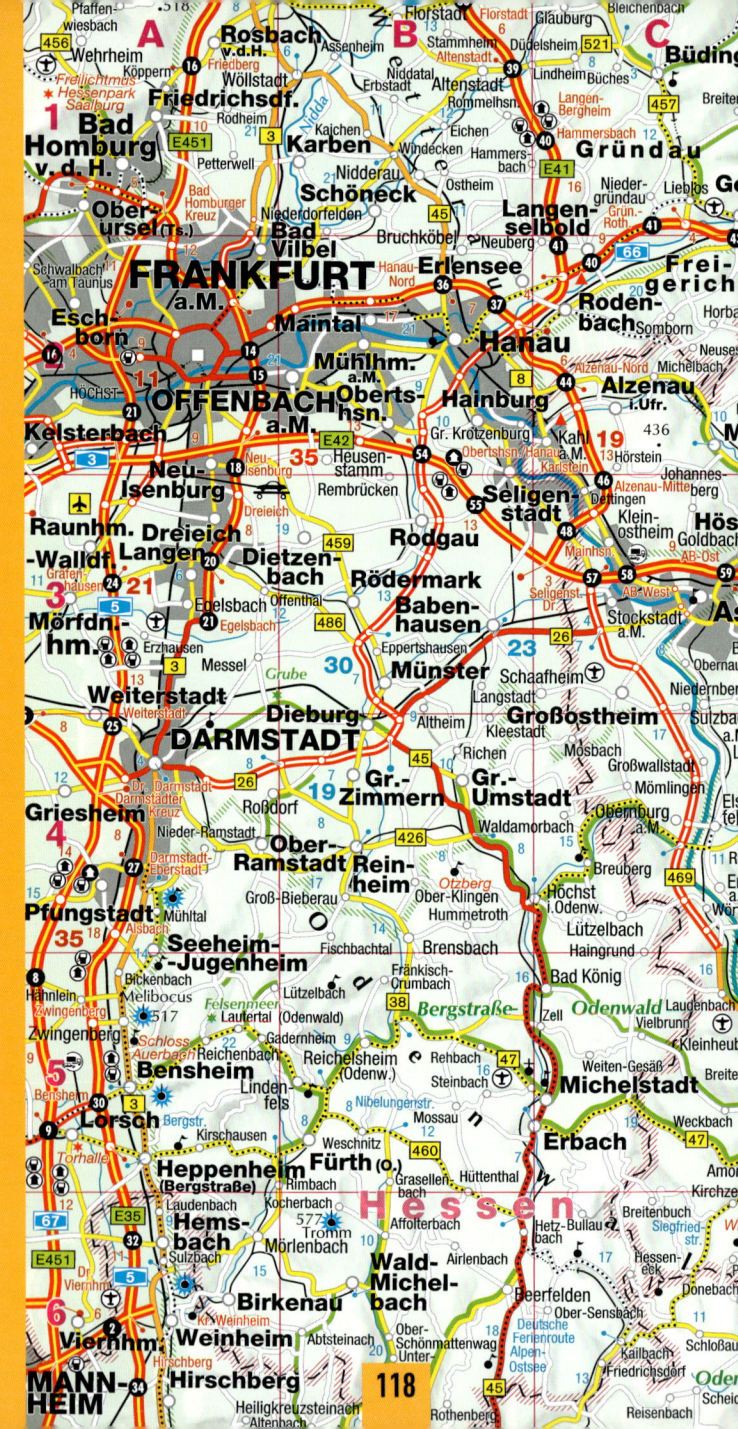

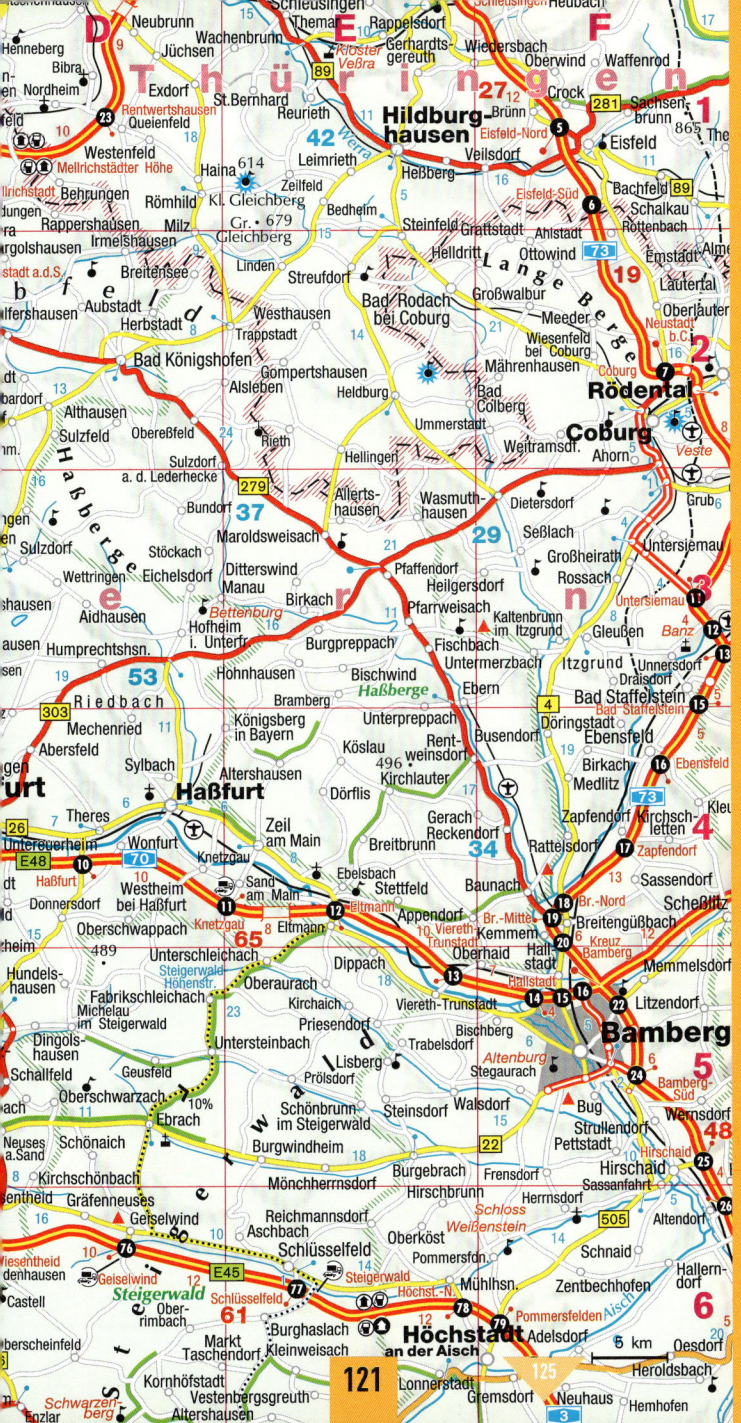

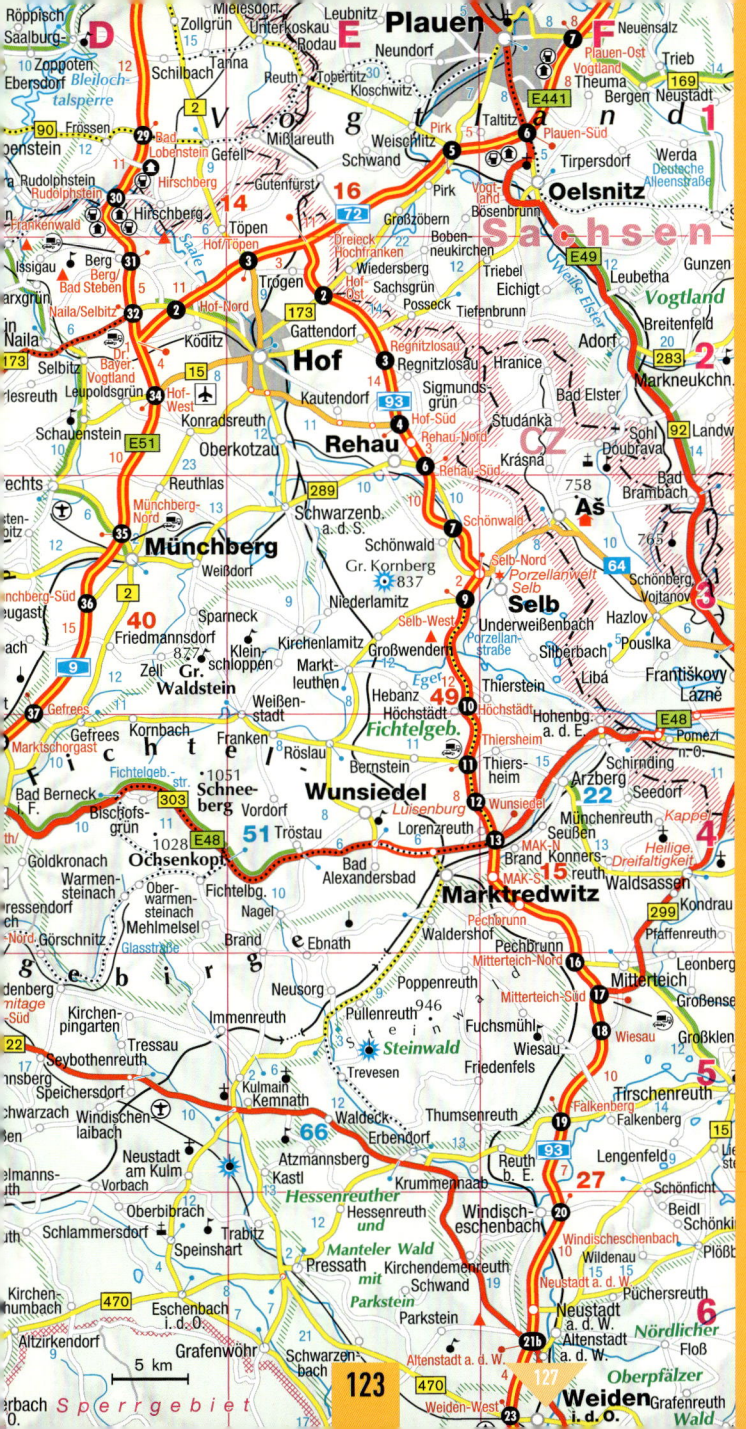

123

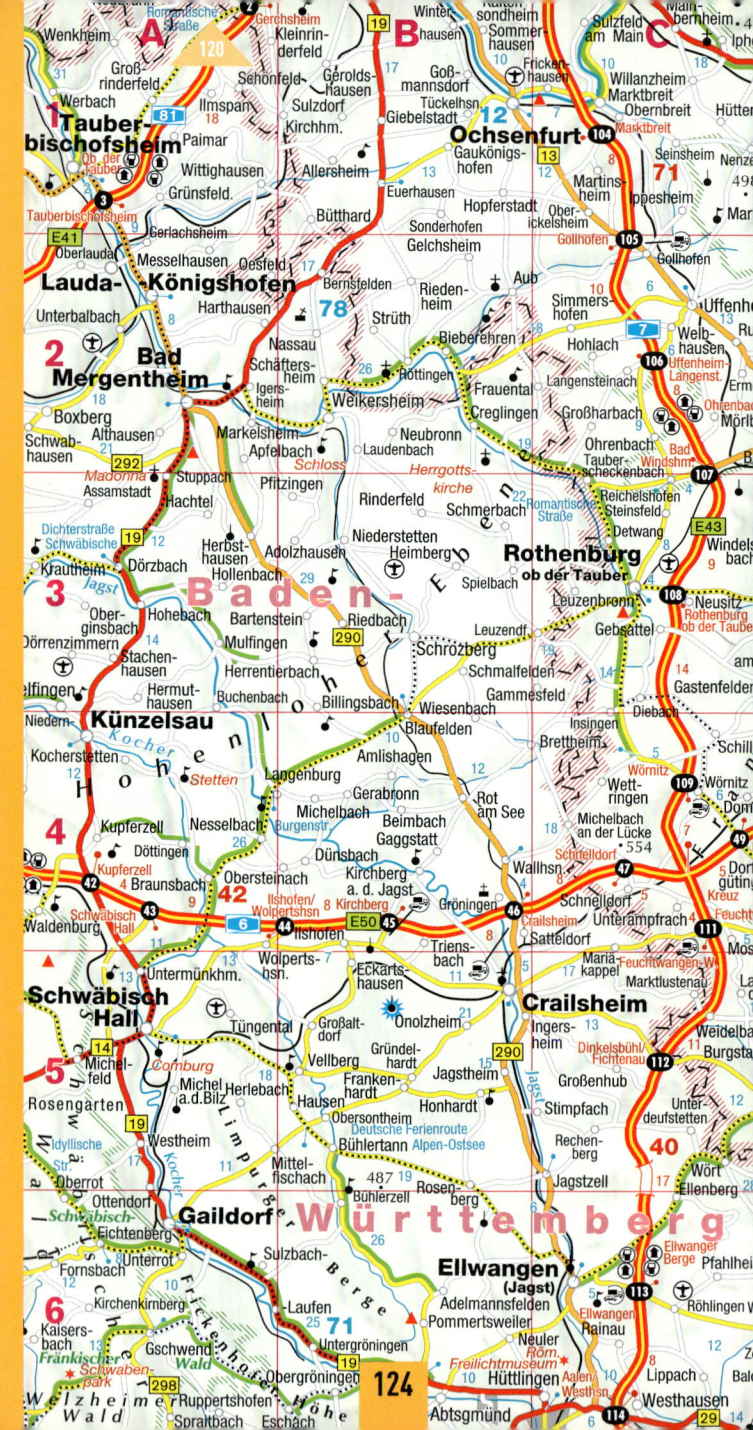

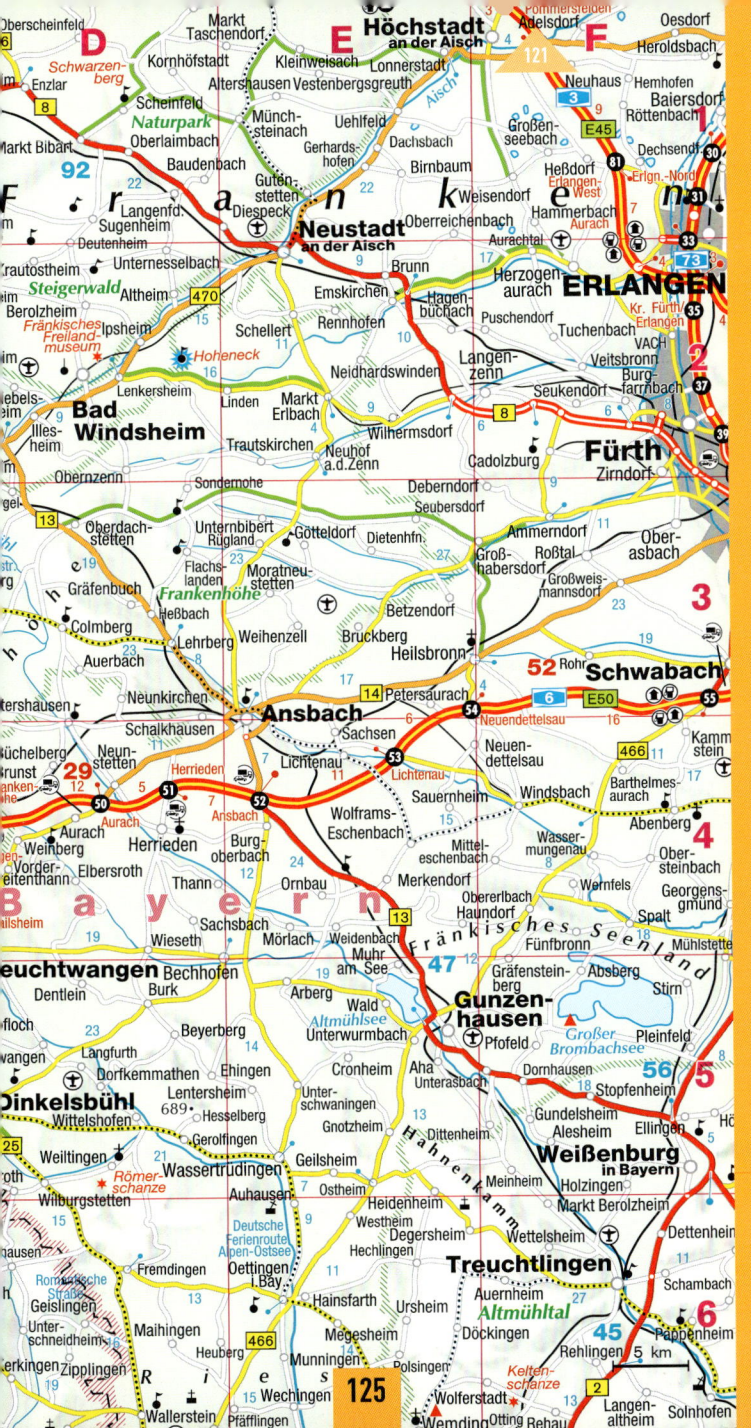

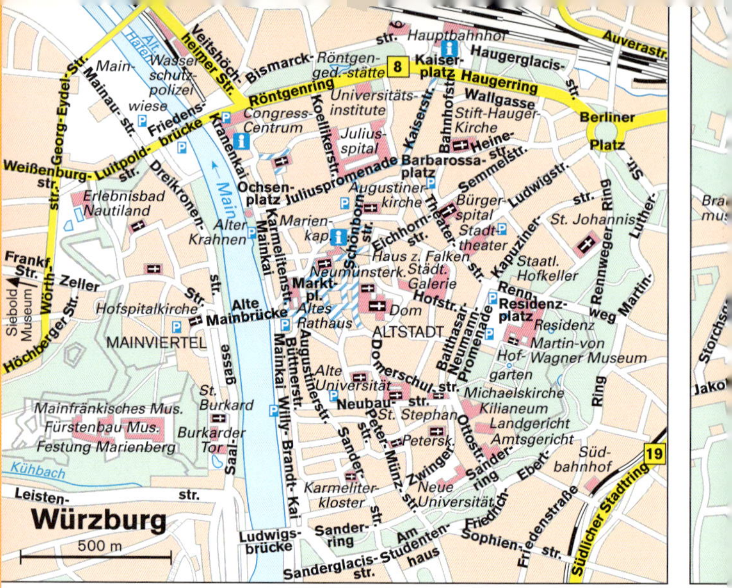

Würzburg

Hauptbahnhof
Auerastr.
Haugerglacis-
Kaiser-platz
Haugerring
Wallgasse
Stift-Hauger-Kirche
Veitshöch-heimer Str.
Bismarck-
Röntgen-ged-stätte
8
Röntgenring
Universitäts-institute
Berliner Platz
Wasser-schutz-polizei-wiese
Kranenkai
Friedens-brücke
Congress-Centrum
Koellikerstr.
Kaiserstr.
Bahnhofstr.
Heinestr.
Georg-Eydel-Str.
Mainau-str.
Main-str.
Dreikronen-str.
Julius-spital
Barbarossa-platz
Semmelstr.
Renn-weger Ring
Luther-str.
Weißenburg-str.
Luitpold-str.
Ochsen-platz
Juliuspromenade
Augustiner-kirche
Bürger-spital Stadt-theater
Ludwigstr.
St. Johannisstr.
Erlebnisbad Nautiland
Alter Mainkai
Marien-kap.
Eichhorn-str.
Staatl. Hofkeller
Kapuziner-str.
Frankf. Str.
Wörth-str.
Zeller
Karmeliterstr.
Haus z. Falken
Neumünster
Städt. Galerie
Hofstr.
Residenz-platz
Residenz
Martin-str.
Siebold Museum
Höchberger str.
Hofspitalkirche
Markt-pl.
Altes Rathaus
ALTSTADT
Balthasar-Neumann-Promenade
Martin-von Wagner Museum
Alte Mainbrücke
Augustinerstr.
Büttnerstr.
Hof-garten
MAINVIERTEL
Alte Universität
Domerschulstr.
Michaelskirche
Kilianeum
Ring
Storchstr.
St. Burkard
Neubau-str.
Peterstr.
St. Stephan
Peterskirche
Landgericht
Amtsgericht
Jako.
Mainfränkisches Mus.
Fürstenbau Mus.
Festung Marienberg
Burkarder Tor
Zwinger
Sanderstr.
Ebert-str.
Süd-bahnhof
19
Kühbach
Karmeliter-kloster
Neue Universität
Saar-
Willy-Brandt-Kai
Leisten-
str.
Ludwigs-brücke
Sander-ring
Am Studenten-haus
Friedenstr.
Sophien-str.
Sandering
Sanderglacis-str.
500 m

Rothenburg ob der Tauber

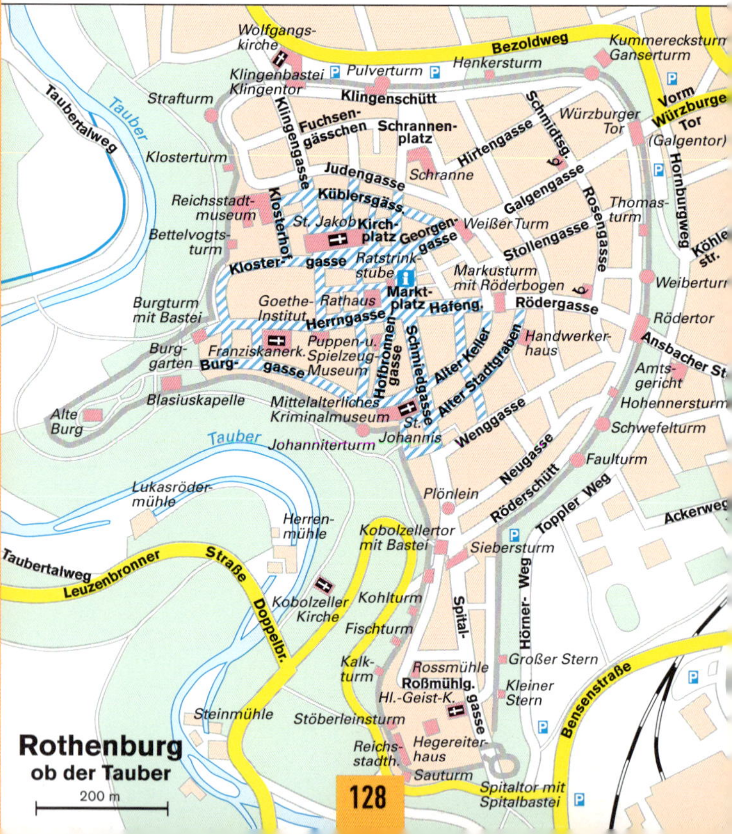

Wolfgangs-kirche
Bezoldweg
Kummerecksturm
Ganserturm
Klingenbastei
Klingentor
Pulverturm
Henkersturm
Vorm Würzburger Tor (Galgentor)
Straßturm
Klingenschütt
Schmidtgg.
Würzburger Tor
Honburgweg
Klosterturm
Fuchsen-gässchen
Schrannen-platz
Hirtengasse
Köhle str.
Taubertalweg
Tauber
Klingengasse
Judengasse
Schranne
Galgengasse
Rosengasse
Thomas-turm
Reichsstadt-museum
Küblersgäss.
St. Jakob
Kirch-platz
Weißer Turm
Stollengasse
Weiberturm
Bettelvogts-turm
Klostergasse
Georgen-gasse
Markusturm mit Röderbogen
Rödertor
Kloster-gasse
Ratstrink-stube
Markt-platz
Hafeng.
Rödergasse
Ansbacher St
Burgturm mit Bastei
Goethe-Institut
Rathaus
Herngasse
Handwerker-haus
Amts-gericht
Burg-garten
Franziskanerk-gasse
Burg
Puppen- u. Spielzeug-Museum
Schmiedgasse
Alter Keller
Hohennersturm
Blasiuskapelle
Mittelalterliches Kriminalmuseum
St. Johannis
Alter Stadtgraben
Wenggasse
Schwefelturm
Alte Burg
Johannitertor
Neugasse
Faulturm
Lukasröder-mühle
Plönlein
Röderschütt
Ackerweg
Herren-mühle
Kobolzeller Tor mit Bastei
Sieberstum
Toppler Weg
Taubertalweg
Leuzenbronner Straße
Doppelbr.
Kobolzeller Kirche
Kohlturm
Spital-gasse
Hörner Weg
Fischturm
Steinmühle
Kalk-turm
Rossmühle
Roßmühlg.
Hl.-Geist-K.
Großer Stern
Bensenstraße
Kleiner Stern
Stöberleinsturm
Hegereiter-haus
Reichs-stadth.
Sauturm
Spitaltor mit Spitalbastei
128
200 m

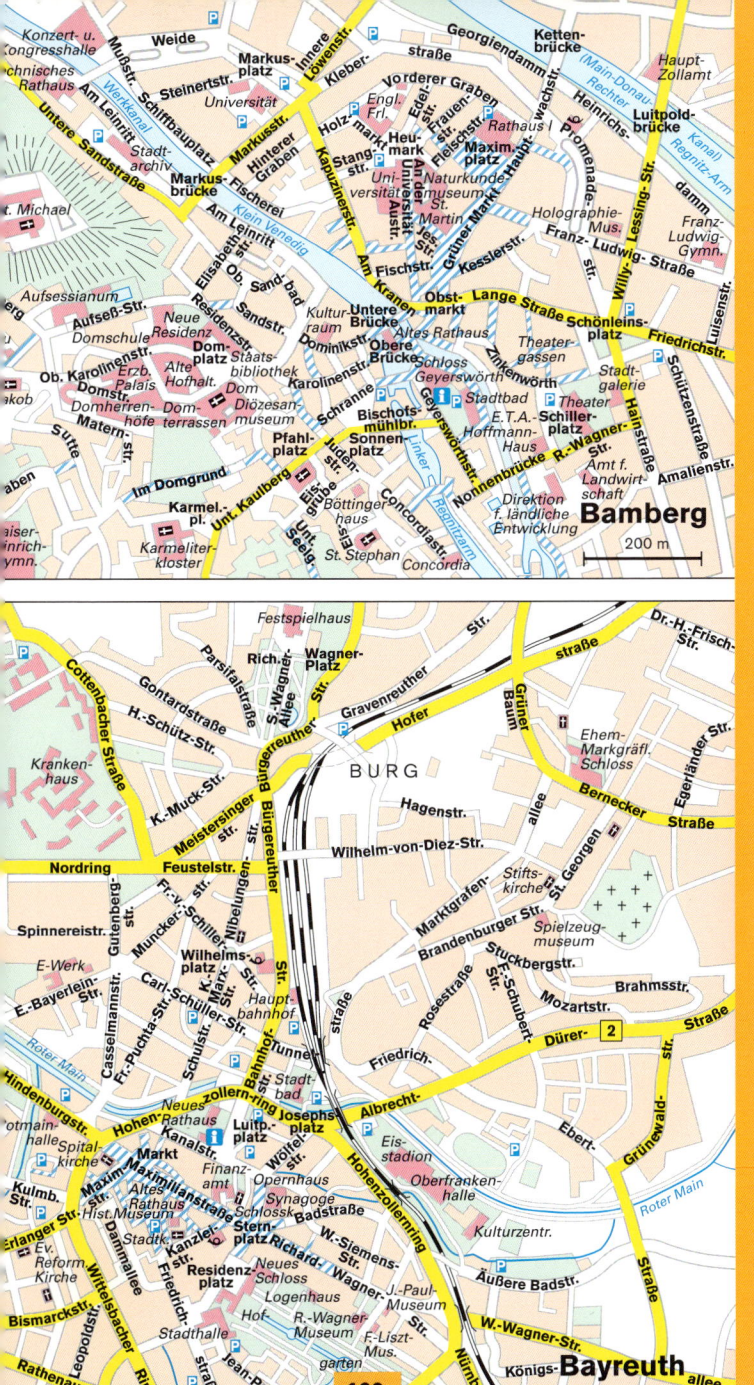

Bamberg

200 m

Bayreuth

Königs-allee   500 m

Symbol	Deutsch	English
18 - 26	Autobahn mit Anschlussstellen	Motorway with junctions
	Autobahn in Bau	Motorway under construction
	Mautstelle	Toll station
	Raststätte mit Übernachtung	Roadside restaurant and hotel
	Raststätte	Roadside restaurant
	Tankstelle	Filling-station
	Autobahnähnliche Schnell-straße mit Anschlussstelle	Dual carriage-way with motorway characteristics with junction
	Fernverkehrsstraße	Trunk road
	Durchgangsstraße	Thoroughfare
	Wichtige Hauptstraße	Important main road
	Hauptstraße	Main road
	Nebenstraße	Secondary road
	Eisenbahn	Railway
	Autozug-Terminal	Car-loading terminal
	Zahnradbahn	Mountain railway
	Kabinenschwebebahn	Aerial cableway
	Eisenbahnfähre	Railway ferry
	Autofähre	Car ferry
	Schifffahrtslinie	Shipping route
	Landschaftlich besonders schöne Strecke	Route with beautiful scenery
Alleenstr.	Touristenstraße	Tourist route
XI-V	Wintersperre	Closure in winter
x-x-x-x	Straße für Kfz gesperrt	Road closed to motor traffic
8%	Bedeutende Steigungen	Important gradients
	Für Wohnwagen nicht empfehlenswert	Not recommended for caravans
	Für Wohnwagen gesperrt	Closed for caravans
* Wartenstein * Umbalfälle	Sehenswert: Kultur - Natur	Of interest: culture - nature
	Badestrand	Bathing beach
	Besonders schöner Ausblick	Important panoramic view
	Ausflüge & Touren	Excursions & tours
	Nationalpark, Naturpark	National park, nature park
	Sperrgebiet	Prohibited area
	Kirche	Church
	Kloster	Monastery
	Schloss, Burg	Palace, castle
	Moschee	Mosque
	Ruinen	Ruins
	Leuchtturm	Lighthouse
	Turm	Tower
	Höhle	Cave
	Ausgrabungsstätte	Archaeological excavation
	Jugendherberge	Youth hostel
	Allein stehendes Hotel	Isolated hotel
	Berghütte	Refuge
	Campingplatz	Camping site
	Flughafen	Airport
	Regionalflughafen	Regional airport
	Flugplatz	Airfield
	Staatsgrenze	National boundary
	Verwaltungsgrenze	Administrative boundary
	Grenzkontrollstelle	Check-point
	Grenzkontrollstelle mit Beschränkung	Check-point with restrictions
ROMA	Hauptstadt	Capital
VENÉZIA	Verwaltungssitz	Seat of the administration

FÜR IHRE NÄCHSTE REISE

gibt es folgende MARCO POLO Titel:

DEUTSCHLAND
Allgäu
Amrum/Föhr
Bayerischer Wald
Berlin
Bodensee
Chiemgau/Berchtes-
 gadener Land
Dresden/Sächsische
 Schweiz
Düsseldorf
Eifel
Erzgebirge/Vogtland
Franken
Frankfurt
Hamburg
Harz
Heidelberg
Köln
Lausitz/Spreewald/
 Zittauer Gebirge
Leipzig
Lüneburger Heide/
 Wendland
Mark Brandenburg
Mecklenburgische
 Seenplatte
Mosel
München
Nordseeküste
 Schleswig-Holstein
Oberbayern
Ostfriesische Inseln
Ostfriesland/
 Nordseeküste
 Niedersachsen/
 Helgoland
Ostseeküste
 Mecklenburg-
 Vorpommern
Ostseeküste
 Schleswig-Holstein
Pfalz
Potsdam
Rheingau/Wiesbaden
Rügen/Hiddensee/
 Stralsund
Ruhrgebiet
Sauerland
Schwäbische Alb
Schwarzwald
Stuttgart
Sylt
Thüringen
Usedom
Weimar

ÖSTERREICH |
SCHWEIZ
Berner Oberland/Bern
Kärnten
Österreich
Salzburger Land
Schweiz
Steiermark
Tessin

Tirol
Wien
Zürich

FRANKREICH
Bretagne
Burgund
Côte d'Azur/Monaco
Elsass
Frankreich
Französische
 Atlantikküste
Korsika
Languedoc-Roussillon
Loire-Tal
Nizza/Antibes/Cannes/
 Monaco
Normandie
Paris
Provence

ITALIEN | MALTA
Apulien
Capri
Dolomiten
Elba/Toskanischer
 Archipel
Emilia-Romagna
Florenz
Gardasee
Golf von Neapel
Ischia
Italien
Italienische Adria
Italien Nord
Italien Süd
Kalabrien
Ligurien/Cinque Terre
Mailand/Lombardei
Malta/Gozo
Oberital. Seen
Piemont/Turin
Rom
Sardinien
Sizilien/Liparische Inseln
Südtirol
Toskana
Umbrien
Venedig
Venetien/Friaul

SPANIEN |
PORTUGAL
Algarve
Andalusien
Barcelona
Baskenland/Bilbao
Costa Blanca
Costa Brava
Costa del Sol/Granada
Fuerteventura
Gran Canaria
Ibiza/Formentera
Jakobsweg/Spanien
La Gomera/El Hierro
Lanzarote

La Palma
Lissabon
Madeira
Madrid
Mallorca
Menorca
Portugal
Sevilla
Spanien
Teneriffa

NORDEUROPA
Bornholm
Dänemark
Finnland
Island
Kopenhagen
Norwegen
Oslo
Schweden
Stockholm
Südschweden

WESTEUROPA |
BENELUX
Amsterdam
Brüssel
Dublin
Edinburgh
England
Flandern
Irland
Kanalinseln
London
Luxemburg
Niederlande
Niederländische Küste
Schottland
Südengland

OSTEUROPA
Baltikum
Budapest
Danzig
Estland
Kaliningrader Gebiet
Krakau
Lettland
Litauen/Kurische
 Nehrung
Masurische Seen
Moskau
Plattensee
Polen
Polnische Ostsee-
 küste/Danzig
Prag
Riesengebirge
Russland
Slowakei
St. Petersburg
Tallinn
Tschechien
Ukraine
Ungarn
Warschau

SÜDOSTEUROPA
Bulgarien
Bulgarische
 Schwarzmeerküste
Kroatische Küste/
 Dalmatien
Kroatische Küste/
 Istrien/Kvarner
Montenegro
Rumänien
Slowenien

GRIECHENLAND |
TÜRKEI | ZYPERN
Athen
Chalkidiki
Griechenland
 Festland
Griechische
 Inseln/Agäis
Istanbul
Korfu
Kos
Kreta
Peloponnes
Rhodos
Samos
Santorin
Türkei
Türkische Südküste
Türkische Westküste
Zakinthos
Zypern

NORDAMERIKA
Alaska
Chicago und
 die Großen Seen
Florida
Hawaii
Kalifornien
Kanada
Kanada Ost
Kanada West
Las Vegas
Los Angeles
New York
San Francisco
USA
USA Neuengland/
 Long Island
USA Ost
USA Südstaaten/
 New Orleans
USA Südwest
USA West
Washington D.C.

MITTEL- UND
SÜDAMERIKA
Argentinien
Brasilien
Chile
Costa Rica
Dominikanische
 Republik

Jamaika
Karibik/Große Antillen
Karibik/Kleine Antillen
Kuba
Mexiko
Peru/Bolivien
Venezuela
Yucatán

AFRIKA |
VORDERER
ORIENT
Ägypten
Djerba/Südtunesien
Dubai
Israel
Jordanien
Kapstadt/Wine Lands/
 Garden Route
Kapverdische Inseln
Kenia
Marokko
Namibia
Qatar/Bahrain/Kuwait
Rotes Meer/Sinai
Südafrika
Tansania/
 Sansibar
Tunesien
Vereinigte
 Arabische Emirate

ASIEN
Bali/Lombok
Bangkok
China
Hongkong/Macau
Indien
Indien/Der Süden
Japan
Kambodscha
Ko Samui/Ko Phangan
Krabi/Ko Phi Phi/
 Ko Lanta
Malaysia
Nepal
Peking
Philippinen
Phuket
Rajasthan
Shanghai
Singapur
Sri Lanka
Thailand
Tokio
Vietnam

INDISCHER
OZEAN |
PAZIFIK
Australien
Malediven
Mauritius
Neuseeland
Seychellen
Südsee

REGISTER

Im Register sind alle im Reiseführer erwähnten Orte, Naturparks (NP) und die wichtigsten Ausflugsziele verzeichnet. Halbfette Seitenzahlen verweisen auf den Haupteintrag, kursive auf ein Foto.

SCHREIBEN SIE UNS!

Liebe Leserin, lieber Leser,

wir setzen alles daran, Ihnen möglichst aktuelle Informationen mit auf die Reise zu geben. Dennoch schleichen sich manchmal Fehler ein – trotz gründlicher Recherche unserer Autoren/innen. Sie haben sicherlich Verständnis, dass der Verlag dafür keine Haftung übernehmen kann.

Wir freuen uns aber, wenn Sie uns schreiben.

Senden Sie Ihre Post an die
MARCO POLO Redaktion,
MAIRDUMONT, Postfach 31 51,
73751 Ostfildern,
info@marcopolo.de

IMPRESSUM

Titelbild: Felsendorf Tüchersfeld (Huber: Schmid)
Fotos: Aktiv Reisen (102 M. r.); Antinoise (13 u.); Till Berger: Hörkunst e.V. (15 u.); E. Borucki (134); dpa: Felix (41); ©fotolia.com: Lars Johansson (102 u. r.); Glass House (14 o.); Alexander Grüner (103 M. l.); GuideMedia GbR (103 o. l.); Florian Hauer (12 o.); HB Verlag: Maeritz (4 l., 48, 84), Scheibner (22, 28/29, 65, 70, 75, 100, 107, 111, 116/117), Teschner (3 l., 32), Wackenhut (U. l., 3 r., 4 r., 39); Heine Mack GmbH: Lars Kienle (13 o.); Huber: Alfeld (2 r.), Gräfenhain (59), Schmid (1, 6/7, 16/17, 28, 36/37, 42, 54/55, 56, 60/61, 63, 67, 68, 98/99); ©iStockphoto.com: Tammy Crosson (14 u.), Nataliya Pereguedova (102 o. l.), Dirk Richter (102 M. l.); M. Kirchgessner (8/9, 20, 24/25, 26, 27, 29, 45, 46); Wolfgang Kostal: Ardan Füßmann (12 u.); Live-Club GmbH & Co. KG: Karin Reichert (103 u. r.); K. Maeritz (30/31, 104/105, 108/109); Special-Moments Verlag: Thorsten Melnicky (103 M. r.); W. Spitta (U. r.); O. Stadler: U. M., 11, 19, 34, 51, 53, 73, 95; T. Stankiewicz (3 M.); The Fashion rEvolution: Julia Schatkowski (15 o.); Transglobe: Waldkirch (2 l.); Werbeagentur Schmitz GmbH (15 M.); T. P. Widmann (5, 22/23, 23, 44, 76/77, 78, 80, 83, 86/87, 89, 90, 92, 97, 106)

2. (10.), aktualisierte Auflage 2011
© MAIRDUMONT GmbH & Co. KG, Ostfildern
Chefredaktion: Michaela Lienemann (Konzept, Chefin vom Dienst), Marion Zorn (Konzept, Textchefin)
Autor: Eo Borucki; Redaktion: Ulrike Frühwald
Programmbetreuung: Silwen Randebrock; Bildredaktion: Gabriele Forst
Szene/24h: wunder media, München
Kartografie Reiseatlas: © MAIRDUMONT, Ostfildern
Innengestaltung: Zum goldenen Hirschen, Hamburg; Titel/S. 1–3: Factor Product, München

> UNSER AUTOR

MARCO POLO Insider Eo Borucki im Interview

Eo Borucki, Volljurist und gelernter Redakteur, arbeitet freiberuflich für zahlreiche fränkische Printmedien und den Bayerischen Rundfunk.

Was verbindet Sie mit Franken?

Ich bin gebürtiger Franke. An Franken reizt mich seine enorme Vielfalt: Hier gibt es jede Menge Kultur, hier ist aber auch eine Natur und eine Landschaft, die sich gegenüber berühmteren Gegenden Europas ganz und gar nicht verstecken muss. Trotzdem ist Franken noch viel zu unbekannt – vielleicht ist das gar nicht schlecht. Der Schriftsteller Victor von Scheffel hat mal gesagt: Franken ist wie ein Schatzkästchen mit vielen kleinen Schubladen. So sehe ich das auch.

Wie gefällt es Ihnen in Franken?

Ich wohne sehr gern hier in Würzburg. Möglichkeiten, woanders hinzuziehen, habe ich immer ausgeschlagen. Das hat nicht nur etwas mit Heimweh zu tun, sondern natürlich auch mit Lebensqualität. Ich kann mich im Minutentakt in Franken umentscheiden: Will ich baden? Will ich wandern? Will ich ins Museum? Oder suche ich ein bisschen Abenteuer? Das alles gibt's hier ganz in der Nähe.

Was mögen Sie nicht so in Franken?

Mit der historischen Bausubstanz wird nicht immer sorgfältig umgegangen. So kommt es, dass etwa auf Würzburgs schönem Marktplatz direkt neben der Marienkapelle seit Neuestem fragwürdiger Bankenschick protzt.

Was prädestiniert Sie als MARCO POLO Autor?

Erstens liebe ich Franken, zweitens komme ich als Journalist beinahe täglich in der ganzen Region herum und kriege viel Neues mit. Dass ich quer durch Franken einen Haufen Kollegen verschiedener Medien kenne, hilft natürlich sehr, für die Leser das ein oder andere unbekannte Reiseziel zu entdecken.

Was tun Sie in Ihrer Freizeit?

Ich gehe sehr gern wandern, am liebsten in der Rhön, wo ich auch zeichne und male. Und natürlich koche ich mit Begeisterung. In Franken macht das besonders viel Spaß, weil ich hier schnell und unkompliziert an die besten Zutaten direkt vom Feld oder von der Weide komme und dabei weiß: Das stammt alles von hier.

Mögen Sie die fränkische Küche?

Und wie! Sie besteht natürlich aus viel mehr als den sicher zu Recht berühmten Bratwürsten, und man kann wochenlang fränkisch kochen, ohne sich zu wiederholen. Ich bin übrigens bei meinen Freunden schon allein deshalb sehr beliebt, weil ich wenigstens sechs verschiedene Arten beherrsche, einen fränkischen Zwiebelplotz zu backen.

10 € GUTSCHEIN
für Ihr persönliches Fotobuch*!

Gilt aus rechtlichen Gründen nur bei Kauf des Reiseführers in Deutschland und der Schweiz

SO GEHT'S: Einfach auf www.marcopolo.de/fotoservice/gutschein gehen, Wunsch-Fotobuch mit den eigenen Bildern gestalten, Bestellung abschicken und dabei Ihren Gutschein mit persönlichem Code einlösen.

Ihr persönlicher Gutschein-Code: `mp9r687b8x`

Zum Beispiel das MARCO POLO FUN A5 Fotobuch für 7,49 €.

www.marcopolo.de/fotoservice/gutschein

> BLOSS NICHT!

Worauf Sie achten sollten und was Sie besser vermeiden

Weintrauben klauen

Das mag der fränkische Winzer überhaupt nicht: Spaziergänger, die in die Weinbergzeilen steigen und sich an den Trauben bedienen. Selbst wenn die Winzer nur in Ausnahmefällen Anzeige erstatten, als Diebstahl ist das allemal strafbar. Vor allem ist der Traubenklau ziemlich sinnlos. Die Trauben schmecken schlicht nicht besonders, denn in den Hängen wachsen speziell für den Weinbau gezüchtete Sorten. Sie sind sauer, haben dicke, harte Schalen und enthalten viele Kerne – das ist gut für den Weinkeller, nicht aber für den Gaumen. Halten Sie sich lieber an die Tafeltrauben auf dem Markt, oder warten Sie mit dem Geschmackstest einfach, bis der Winzer im Keller seine Arbeit gemacht hat.

Franken Bayern nennen

Man wird Sie überall in Franken sanft, aber nachdrücklich korrigieren, sollten Sie die Region oder deren Bewohner als Bayern bezeichnen. Franken nennt man Franken, Bayern nennt man Bayern – die Tatsache, dass beide unter dem Dach eines Freistaates Bayern leben, ändert nichts an ihrem jeweiligen Familiennamen. Dass die Franken seit der Zeit des erzwungenen Zusammenschlusses mit Bayern 1802 immer das Gefühl haben, vom oberbayerischen München als bloßes Anhängsel betrachtet zu werden, macht sie in diesem Punkt besonders empfindlich.

Sich laut in Kirchen unterhalten

In Franken spielt die Religion seit jeher eine wichtige Rolle im Alltag. Rund um die beiden Bistümer Würzburg und Bamberg sind die Menschen tief katholisch geprägt. Mehrere Messen täglich – zumindest in größeren Gemeinden – oder Rosenkranzgebete sind vielerorts üblich. Entsprechend setzt man eine gewisse Sensibilität voraus, wenn Besucher eine Kirche betreten. Über die Besonderheiten einer Riemenschneiderfigur oder eines Rokokofreskos unterhalten Sie sich also besser, wenn Sie wieder draußen sind.

Zur Kongresszeit ohne Reservierung

Besonders Würzburg und Nürnberg, aber auch kleinere Städte wie Bad Kissingen sind bei großen Institutionen wie Gewerkschaften oder Berufsverbänden das ganze Jahr über beliebte Tagungs- und Kongressorte. Das liegt nicht nur an der schönen Landschaft und der Gastronomie, sondern vor allem an der zentralen Lage Frankens innerhalb Deutschlands, die für mehr Anreisegerechtigkeit unter den Teilnehmern sorgt als ein Tagungsort in Randlage. Dass sich in Franken wichtige Nord-Süd- und Ost-West-Verbindungen treffen, ist ein weiterer Anreiz. Sollten Sie sich also nicht gerade ein abgelegenes Landhotel ausgesucht haben, erkundigen Sie sich rechtzeitig telefonisch nach Übernachtungsmöglichkeiten, und reservieren Sie frühzeitig.